昌陵神路远眺，可以明显看出神路与桥是歪斜的

图 1　昌陵全景

图 2　昌陵石像生及龙凤门北望

图 1 　昌陵隆恩殿

图 2 　昌陵石五供

图 1　昌陵圣德神功碑亭及华表

图 2　昌陵圣德神功碑

图 1　昌陵三路三孔拱桥及神道碑亭

图 2　当年和珅在天津蓟县境内的和陵坟墓上的石狮子

图 1　昌西陵鸟瞰

图 2　昌西陵神厨库

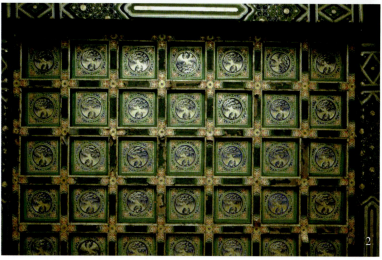

图 1 昌西陵隆恩殿前的铜鼎

图 2 昌西陵隆恩殿内天花板

图 1　昌西陵宝顶

图 2　昌西陵园寝门中门及门上残存的门钉

走向穷途

嘉庆帝陵卷

徐鑫 —— 著

中国国际广播出版社

图书在版编目（CIP）数据

走向穷途：嘉庆帝陵卷 / 徐鑫著. —北京：中国国际广播出版社，2022.6

（清朝帝陵文化系列）

ISBN 978-7-5078-5122-9

Ⅰ.①走… Ⅱ.①徐… Ⅲ.①嘉庆帝（1760-1820）－陵墓－介绍 Ⅳ.①K928.76

中国版本图书馆CIP数据核字（2022）第071524号

走向穷途：嘉庆帝陵卷

著　　者	徐　鑫	
责任编辑	聂俊珍	
校　　对	张　娜	
设　　计	王广福　姜馨蕾	

出版发行　中国国际广播出版社有限公司 ［010-89508207（传真）］

社　　址　北京市丰台区榴乡路88号石榴中心2号楼1701

　　　　　邮编：100079

印　　刷　环球东方（北京）印务有限公司

开　　本　710×1000　1/16

字　　数　220千字

印　　张　18.75

版　　次　2023年3月　北京第一版

印　　次　2023年3月　第一次印刷

定　　价　65.00元

我所知道的"守墓人"

——记徐鑫先生的精神家园

岳南

近日，得知好友徐鑫先生新作"清朝帝陵文化系列"即将问世，为之高兴之余也颇为感慨，简单书写几句，以示读者。

我与徐鑫相识、相交已近二十载。那是 1999 年 11 月的一天夜晚，徐鑫在他的父亲，时任清东陵研究室主任、著名学者徐广源先生的陪伴下到北京看病，借此机会到我家做客。当时，我挽留父子二人促膝长谈，就共同的研究和写作体会进行交流。那时，徐鑫虽尚未开始写作，但言谈举止中已流露出对历史的无限挚爱和内在才华，让人有一种清新亮丽之感。于是，我鼓励他将单纯的爱好上升为研究层次并形成作品，以备出版奉献社会，徐鑫表示回去后潜心研究，争取早日拿出成果。

后来，在不断求医治病的过程中，徐鑫以新时代清陵"守墓人"的身份，从故纸堆里研究并从现实生活中见证了那段历史，逐渐理解和发现那些隐藏在红墙黄瓦里鲜为人知的秘密。于是，他用自己独特的视角和笔墨一层层地拨开历史迷雾，继承和书写了清陵这部砖、石、瓦、木写就的历史长卷。面对众多的"野史""穿越"等作品和传说，徐鑫在正史和清宫档案的基础上，用浑厚、沉稳的笔触，以深入浅出、

通俗易懂、冷静自然的叙述方式"驱邪斧正"，还清陵历史真面目。那份坚持、热情和执着，令人欣赏，更令人钦佩，日后取得的一连串成果也就顺理成章了。

我们所说或看到的坟墓或者陵墓，是指埋葬死者的地方，是人类社会发展和宗教信仰的必然产物，其根源在于灵魂观念和敬畏思想的产生。因此，坟墓是一种物质和非物质相结合下的意识形态载体。

中国漫长的封建社会，作为社会最高主宰的皇帝，其陵墓是特有的标志等级贵贱的产物，是当时的政治、经济、文化的缩影和晴雨表，是统治阶级将皇陵风水与皇权紧密连在一起，并企图融入"事死如事生""千秋万代繁昌不绝"等思想文化理念的综合体。在连绵不断的历史长河中，作为封建王朝权力顶端的帝王，往往在完成自己一代霸业或败业的同时，使用至高无上的皇权，营建自己死后居住的豪华居所，以便权力能从地上延续到地下，于是陵墓成为他们在另一个世界里的皇宫。因此，人世间的山水在另一个世界里也建立起了一座座封建帝王的"地府天堂"，也就是有些史书所称的"皇陵"。

中国历代帝王的皇陵，几乎遍布大江南北的青山绿野之中，不但占据了当时最好的湖光山色和绝佳的风水宝地，而且建筑规模都很宏伟壮观。斗转星移，岁月流逝，帝王的陵墓渐渐成为极具特色、清晰可见的鲜活历史，而建筑本身与陵墓中埋藏的文物，亦为当时政治、经济、文化的精华与缩影，是我们回顾和研究历史的最好现场与实物。

站在今天的角度，就文化和精神层面言之，中国皇陵所反映出来的内涵，除了封建帝王生活及制度的参照，亦是中华五千年灿烂文化和悠久历史的结晶，是中华民族丰富的古代物质文明与思想观念结合后繁衍出的历史文化精华，是沉睡在山水间的历史文献，是珍贵丰富的艺术博物馆，是留给子孙后代无价的重要文化遗产，同时也是世界文明的重要组成部分。通过对这些历史遗迹的了解与深入研究，可以让我们真实地还原那些最具生命力的鲜活记忆，而这些丰厚、具体的年代记忆，为今天的人们"在史中求史识""吸取历史的教训"（陈寅恪），具有不可替代的作用。

大清王朝已隐没于历史尘埃之中，但就历史阶段言之，又似乎在昨天刚刚退去，近三百年的政治文化、历史典故、逸闻趣事，似乎仍在眼前飘动。然而，历史毕竟还是历史，那些立于世间的清朝皇陵——关外三陵、清东陵和清西陵，普通百姓只看到其庞大辉煌的外表，却很难知其地官的状况和文物的价值与命运，只知其然而不知其所以然。清皇陵已在历史中沉睡，而在皇陵内沉睡的不只是清朝帝、后、妃们的亡灵，更多的还有那些说不完、道不尽的清朝别样故事，如清朝皇陵陵墓的选址、修建、用料、陈设、祭祀、防护、管理等，皆有其丰富的历史内涵，可谓处处皆学问。

据我所知，目前国内研究清史者虽人数众多，也取得了较大成绩，但在清史研究的另外一块阵地——清皇陵研究领域，取得瞩目成就的少数人中，徐鑫则是最值得关注的。

1973 年 1 月出生于京东名镇马兰峪的徐鑫，自幼在家庭、学校接受了严格的传统文化教育，兴趣十分广泛。读书、看报、摄影自不在话下，站在沙滩上看水流、倚在树下思考、坐在山坡上静静发呆等少年耍酷或装酷的事也干过一番……但据我所知，徐鑫最大的爱好还是历史，尤其是清朝历史，或许因为家乡的西面就是清东陵，或许因为

祖上是守陵人，或许因为其父徐广源先生是研究清朝皇陵的专家。总之，徐鑫的成长与后来的成就，有很多一时说不尽的原因。因此，在他的生命中，清皇陵的一草一木、一砖一石都是无价之宝，都含有丰富的历史信息，都是有生命的活文物，是人与亡灵交流的场所，是一部记载人类文明发展史不可或缺的宝库。

1993 年 8 月 11 日，中学毕业不久的徐鑫到清东陵当了一名看守皇陵的警卫，自此他的命运就与清朝皇陵联系在了一起。

那个时候，虽然清东陵还未申报世界文化遗产，但早已是闻名天下的国家级文物保护单位。由于工作在第一线，皇陵保护工作十分严格而且条件艰苦，堪比清朝时期的八旗兵。

一是上班时间长。每天 24 小时分为三班，每班次 8 小时，没有节假日。那些不开放的陵寝，只设置一名或两名保卫人员，每 24 小时换一次或一人终日看守，不分昼夜。

二是路途比较远。因为工作的特殊性，无论春夏秋冬，不管天气情况，都要坚持骑自行车到岗。虽说马兰峪在清东陵的东侧，但实际到上班的陵寝也有十多里的路程。白天上班还好，主要是夜晚，路窄、草茂、沟深，一手骑车一手持手电筒照着路面，尤其冬天的路面特别滑，稍不小心就会掉进路边的深水沟里。到岗位的时候，身上也会被淋湿，没有干燥的衣服可换，只能靠体温烘干。夜间的陵区，冬季是寒冷的风吼，夏季是马槽沟内的蛙声一片，气候环境非常潮湿。守陵的工作是异常孤独寂寞的。由于人员少，不能常在值班室里休息，更不能睡觉，只能站在最明显的宫门或到陵寝内，不停地用手电筒打量四周动静。而且，越是天气不好的时候，如下雨、雷闪、下雪、刮大风等恶劣天气，作为守陵人就要到陵内外勤转、勤看、勤听，以防有人盗窃或者因恶劣天气造成陵寝发生火灾和损坏。

三是颇具危险性。上岗人员除了一个手电筒外，就是赤手空拳，没有任何警戒工具。陵寝之间相隔较远，与村庄民居也相距甚远。一旦出现偷盗、抢劫事件，对方是有备而来，可能带有作案工具和凶器，看守陵寝的人连呼救的可能都没有，因为发现对方的时候危险已经到了身边。在全力以赴的打斗过程中，也根本没有时间和精力呼救，更不要说有时间打内部电话报警了。因此，除了全神贯注地巡视，以便提早发现可疑和危险情况外，只能默默祈祷平安。

在清东陵守陵这样的苦工作，也正是徐鑫任劳任怨负责的工作，他看守的皇陵没有发生过火灾和盗抢。然而，作为刚出校门的学生，无论是体质还是工作经验，徐鑫比不过那些年长的同事，自然受罪是最多的，以致落下腿怕冷、无力及常年疼痛的毛病。对此，徐鑫曾多次想打退堂鼓，但最终还是坚持了下来。按他的说法，自己是满族人，是守陵人的后裔，对清朝历史有着执着、痴迷、深厚的感情。

徐鑫认为，清陵文化的继承和研究更重要。因此在看守皇陵之余，他更注重研究和弘扬清陵文化，于是将业余时间和精力放在清宫档案的查阅及实地调查上，潜心研究清陵文化二十余年，凭借着扎实的基本功、严谨负责的态度，先后出版了被业内称为"良心书"的《铁腕女人：清东陵慈禧陵劫难之谜》《香妃迷案：清宫档案与考古中的香妃》《大清皇陵私家相册》等二十余部专著，发现并填补了很多清陵研究领域的空白，并在此基础上创作了"清朝帝陵文化系列"作品。

该系列作品以正史、清宫档案为基础，结合当今史学最新研究成果，将实地调查和历史文献记载有机地比对、结合，以朴实无华的文字辅以图片方式，深入浅出地介绍了清朝的永陵、福陵、昭陵、清东陵、清西陵等皇陵的风水、建筑规制、陵寝特点、陵寝祭祀、陵寝管理和保护、陵寝被盗和清理等，以全新的形式向世人解读了大清皇陵这部看得见、摸得着的"大清历史档案"。作为一部浓缩的清朝历史，清朝皇陵就像一面多棱镜，从不同角度折射着清王朝曾经的发展、辉煌和衰落。书是本本精彩，历史是代代沉重。

概而言之，整个大清王朝共建有十二座皇陵，每一座皇陵又都是一个王朝历史的缩影；走过每一座皇陵，都是穿越一部历史年轮。因此，清朝皇陵是清王朝兴衰发展的影子，是一部记载社会和国家的大百科全书，它将天、地、人与龙、沙、穴、水等有机融为一体，成为一部传承中国风水学的堪舆宝典；它将各部门、管理、保护机构高效组织在一起协同工作，因此又是一部现代管理学；又由于清朝皇陵需要科学规划建筑布局和建筑规制，它还是一部古代建筑学。清朝皇陵建筑不仅美轮美奂，它们的所在地也都是风水极佳的梦幻之地，山形地貌在完全符合风水标准的完美与吉祥的同时，也最大限度地融入了崇高、永恒的人文精神。假如读者是位有心人，一定会从这一系列图书中获益匪浅，尤其在精神上得到与现实观感不一样的快乐。

从历史发展角度来说，无论是在工作中的履行职责，还是在工作之外的坚守，徐鑫已经不再是普普通通的"守墓人"，而是名副其实的"清陵文化的守护者和传承人"，其更多的贡献还是体现在陵墓文化的继承和弘扬。

希望徐鑫不忘初心，在清陵文化探索研究和传承弘扬的道路上继续努力，为社会奉献更多精彩的作品。

2017 年 9 月于北京

　　岳南，历史纪实文学名家，著有《风雪定陵》《复活的军团》等考古纪实文学作品十二部，有英、日、韩、法、德文版，海外发行达百万余册。另有《陈寅恪与傅斯年》《大学与大师——清华校长梅贻琦传》等系列作品十余部，其《南渡北归》三部曲出版后在海内外引起巨大轰动。

前言

　　清朝历史上的嘉庆帝，姓爱新觉罗，名颙琰，是清高宗乾隆帝弘历的第十五子。生于乾隆二十五年（1760）十月初六日，初名永琰，生母为孝仪纯皇后魏佳氏。乾隆五十四年（1789）十一月初八日被封为嘉亲王。乾隆六十年（1795）九月初三日，被正式宣布立为皇太子。乾隆六十一年（1796）正月初一日登极，受乾隆帝禅位即帝位，改纪年为"嘉庆"，其后朝政仍被太上皇帝乾隆帝控制，乾隆帝依旧居住在养心殿，而嘉庆帝只能暂时居住在他做皇子时居住过的毓庆宫。嘉庆四年（1799）正月初三日，乾隆帝死后，嘉庆帝开始亲政，在位时间为二十五年。

　　历史上的嘉庆朝，是一个非常重要且特殊的时期，它是清朝由盛至衰的转折点。乾隆帝死后，嘉庆帝所得到的乾隆朝遗产，不是价值连城的珠宝和堆积如山的金银，而是一个乾隆末年危机四伏的政治局面。为了扭转这种局面，嘉庆帝打出"咸与维新"的旗号，整饬内政，整肃纲纪。于是，在大丧之日，嘉庆帝做出了诛杀权臣和珅，罢黜、囚禁和珅亲信死党的惊人之举。虽然这是斩断贪官污吏命脉的有效办法，但在封建社会走向没落、清王朝统治已经衰败之时，杀死一个和珅，并不能从根本上解决整个社会和王朝的统治危机。因此，虽然发

生在乾隆末年、历时九年且遍及五省的白莲教起义被镇压下去了，但由于贫苦、生活无出路，流民反抗、暴乱一直未停止过。陈德行刺嘉庆帝案件、天理教徒攻入紫禁城事件，都反映出嘉庆朝潜伏着严重的社会危机。

嘉庆朝的政治矛盾，不仅体现在社会阶级矛盾，还直接反映出其内政的衰败，官场上的奢靡、怠惰、矫饰等恶劣风气从表面延伸到了深层。这不是偶然的现象，在嘉庆帝的陵墓上也有体现。因此，嘉庆帝的陵墓建筑工程，不仅出现了贪污银款，还发现了诸多的工程质量问题，而制造出这些劣质工程的官员中，竟然有嘉庆帝的大舅哥。

还有，嘉庆帝的陵墓外表看似与泰陵无显著区别，但实际上那是一座暗藏着巨大玄机的皇陵。嘉庆帝陵墓是借鉴了雍正帝和乾隆帝陵墓各自特点营建的，虽然嘉庆帝陵墓属于标准规制帝王陵墓，但他的妃园寝陵规制与其他妃园寝规制相比，却非常简朴，并且他的皇后陵墓不是他儿子所建，而是他的孙子咸丰帝所营建的，其规制不仅奇特，内部构造更为新颖，不仅有回音石，还有罕见的回音壁，内葬人物不仅身世传奇颇多，且数量超过了清宫档案上的记载。从嘉庆帝陵墓的特点，可以充分看出嘉庆帝的为人性格，当他是嗣皇帝时，表现出处处唯命太上皇帝；当他真正掌握皇帝大权时，虽然实施了仁厚治国方针，朝政的贪污腐败现象依旧没能制止，致使自己的皇陵都出现了质量问题。

以往，无论是史学界还是历史爱好者，所关注的大多是清朝鼎盛时期或者没落时代，很少有关注作为历史转折点的嘉庆朝，尤其是嘉庆帝陵墓史的研究，更是鲜少有人涉及，以至于清皇陵陵墓上的研究，一度曾是清史研究上的空白。皇陵在历史乃至今天的重要性，不亚于是见证历史很多重要事件的活字典，皇宫可能几个朝代都一成不变，而皇陵则包含着所处朝代的政治、经济、文化、宗教等众多内容，与墓主人的生前爱好等诸多因素有直接关系。对于这项重要的研究课题，很多有识之士在呼吁国家和人们重视的同时，都不同程度地投身这项研究工作中。其中，这项研究工作的中坚力量要属清陵学者徐广源先生，他数十年如一日对清朝陵寝进行广泛而深入的研究，如今已取得了令人瞩目的成绩，引领着研究领域的最前沿。

本书以徐广源先生的研究成果为基础，加上笔者更加深入的调研考证，充分利用清史档案并结合实地调查，对清朝嘉庆帝陵墓进行研究、探讨和保护，力图以自己微薄的力量，对清史及陵墓研究中存在的某些空白作以补充或判断性的解释、说明，这样既能丰富人们业余精神生活，也许还能对更加深入的清史研究做些力所能及的贡献。若能做到这一点的话，就可以达到对嘉庆帝的进一步研究，也就能达到编写本书的真正目的了。

目录

序章

嘉庆帝猝死之谜

嘉庆二十五年（1820），当时的大清国政坛发生了一件惊天大事：年仅六十一岁的嘉庆帝突然死在了木兰围场的行宫——避暑山庄。为什么说嘉庆帝的死是很突然的呢？原来，嘉庆帝身体很健康，遵循祖制去热河进行木兰秋狝，没承想这里竟然成了他的死亡之所，他成为大清国第一位死在北京之外的皇帝。

嘉庆帝朝服像

木兰秋狝，是清朝皇帝每年秋天到木兰围场（在今河北省围场县境）巡视习武、行围狩猎的政治、军事和休闲活动。所谓"木兰"，本系满语，汉语之意为"哨鹿"，亦即"捕鹿"。由于一般情况下是在每年的七、八月间进行，故又称"秋狝"。用现在的观点，可以简单地理解为，木兰秋狝是清朝帝王演练骑射的一种方式，而在当时来说，这却是一项清朝的国家政治制度和国家典礼。

木兰秋狝制度，由康熙帝所创立，形成于康熙二十年（1681）。当

上 木兰围场
下《木兰图卷 马技》

年康熙帝之所以建立木兰围场，将围场设在内蒙古昭乌达盟、卓索图盟、锡林郭勒盟和察哈尔蒙古四旗的接壤处，这样做有三大好处。

第一，那里林木葱郁，水草茂盛，各种野兽繁多，便于通过行围狩猎活动，使八旗官兵既习骑射，又习劳苦，用以保持八旗官兵传统的骁勇善战和淳朴刻苦的本色，借此抵御骄奢颓废等恶习的侵蚀，做到安不忘危、常备不懈。

第二，有重要政治意义。因为每年的木兰行围，可以在那里定期接见蒙古各部的王公贵族，以便进一步巩固和发展满蒙关系，加强对漠南、漠北、漠西蒙古三大部落的管理，这对于北方边防有着十分重大的意义。

第三，有军事目的。除了有大量王公贵族随行，还会动用数以万计的精锐军队，以及策划围猎军队部署，在心理上视野兽为外族和叛匪，锻炼将领和部队的实战能力，对外则是炫耀武力的方式，相当于现在的大阅兵。

在嘉庆帝之前，雍正帝没有进行过木兰秋狝，而乾隆帝秋狝次数却达到了四十次。嘉庆帝即位后，于嘉庆七年（1802）七月，举行了第一次正式的秋狝大典，为此发布上谕，做了一番郑重其事的解释：

> 秋狝大典，为我朝家法相传，所以肆武习劳、怀柔藩部者，意至深远。我皇考临御六十余年，于木兰行围之先，驻跸避暑山庄，岁以为常，敕几勤政之暇，款洽蒙古外藩，垂为令典。是避暑山庄，实为皇祖皇考在天灵爽式凭之地。朕祗承鸿绪，不敢稍自暇逸，特于今秋涓吉启銮，举行秋狝，实本继志之承。若以山庄为从事游览，则京师宫馆池籞，岂不较此间更为清适，而必跋涉道途，冲履泥淖，远临驻跸乎？朕之敬遵成法，不敢偷安，必欲前来山庄之忱悃，皇考实鉴临之，是以清跸才停，捷书已至，眷佑所昭，如响斯应。朕披览奏函，瞻依居处，不觉声泪俱下。

正因为嘉庆帝对木兰秋狝活动的重视，因此，除了乾隆帝训政三年陪侍避暑山庄木兰外，他自己曾有过八次独立组织这样外出的活动，即嘉庆七年（1802）、八年（1803）、十一年（1806）、十三年（1808）、

《梅坨围猎图》轴　此图反映出嘉庆帝对木兰秋狝十分重视

十五年（1810）、十八年（1813）、二十四年（1819）和二十五年
（1820）。嘉庆帝性情中和，注重养生，经常锻炼身体，因此身体强壮，
不爱生病。对此，道光帝曾这样回忆说：

> 圣寿虽年逾六旬，天体丰腴，精神强固。朕宫庭侍奉，正幸
> 爱日方长，期颐可卜。本年巡幸滦阳，朕沿途随扈，圣躬行健如
> 常，跸道偶感暍暑，仍登陟不倦。

嘉庆帝御用枪，主要用于木兰秋狝，也是其皇权威力的象征

嘉庆帝御用枪局部铭文

　　嘉庆二十五年（1820）七月，嘉庆帝心情不错，身体依旧很健壮，于是，他决定去热河再次进行木兰秋狝，令肃亲王永锡、大学士曹振镛、协办大学士尚书伯麟、英和看守北京，处理政务。

清　冷枚《避暑山庄图》轴

嘉庆二十五年（1820）七月十八日，嘉庆帝自圆明园出发去热河，皇二子智亲王旻宁、皇四子瑞亲王绵忻、皇孙贝勒奕纬随行，御前大臣赛冲阿、索特那木多尔斋，军机大臣托津、戴均元、卢荫溥、文孚，总管内务府大臣禧恩、和泰等王公大臣护驾北巡，浩浩荡荡开出北京城。

然而，令人意想不到的是，嘉庆帝的这次出行，竟然是他与人世的永别。

七月二十四日，嘉庆帝等人到达热河行宫——避暑山庄。二十五日戌时，嘉庆帝死在避暑山庄的烟波致爽殿里。就当时来说，嘉庆帝的死真是太突然了，不仅嘉庆帝想不到，就连他身边的皇子和众大臣，也都没有心理准备。因为虽然到达热河时嘉庆帝感到有些不适，但依旧进行了寺庙祭拜和政务处理，到当地城隍庙拈香，又到永佑宫行礼。其当天还接见军机大臣、批阅奏折，并发布了一项人事任命：

> 以詹事府少詹事朱士彦为内阁学士，兼礼部侍郎衔；翰林院侍读学士顾皋为詹事府詹事。

承德避暑山庄匾

对此，清宫档案上记载着嘉庆帝的最后一天活动：

> 卯刻，犹乘舆至河东溥仁、城隍庙、普善、普乐、安远诸寺拈香，予小子侍辇随行，一路瞻仰天颜，似觉起居与寻常稍异，以为圣体偶尔违和。

可是到了晚上，其记载则变成了这样的记述：

> 上不豫，皇次子智亲王旻宁、皇四子瑞亲王绵忻，朝夕侍侧，上仍治事如常。……向夕，上疾大渐。……戌刻，上崩避暑山庄行殿寝宫。

为什么人们对嘉庆帝的死因质疑呢？这里有两个主要原因：一是嘉庆帝生前身体一直健壮，其自得病到死亡不足一天时间，属于猝死，是意外；二是，嘉庆帝七月二十五日夜里死的，但直到八月初二日，新君道光帝才正式发布嘉庆帝死亡的消息。

关于嘉庆帝的死因，现在有两种不同的说法，即民间雷击说与官方病死说。

第一种说法：雷击说。民间传闻嘉庆帝死于雷击，且有三个不同版本。

其一，嘉庆帝生前有嬖宠小太监的嗜好。在避暑山庄烟波致爽殿后面的"云山胜地"小楼上，嘉庆帝正与小太监寻欢作乐之时，突然间打了一个霹雷，正击中嘉庆帝，顿时嘉庆帝死于非命。

其二，嘉庆帝在围场狩猎回避暑山庄的路上，忽遇暴雨，一个炸雷，将嘉庆帝烧死。

其三，嘉庆帝正在烟波致爽殿内独自休息，忽然狂风大雨，一道闪电击中正在休息的嘉庆帝。

为什么把嘉庆帝的死因与雷电联系起来呢？据查，这种说法来自那次嘉庆帝热河之行中皇族宗亲的后人，而那位皇族后人则是根据祖上口头讲述流传的。不管这种说法是真是假，但有一点可以肯定，那就是嘉庆帝出行的月份在北方正是雷雨季节，避暑山庄所处地区还是山区。然而，这并不能说明嘉庆帝一定死于雷电。因此，笔者怀疑这是一些人根据当时季节的特点和所处地理位置编造出来的。根据遗诏记载，嘉庆帝生前体质健壮没有生病，他的思想中还存有"天人合一"中的"天象示警"意识，且嘉庆帝得病与死亡时间间隔又确实太短，临死前还未来得及交代大臣对新储君的确认，而对此清朝官方的记载又比较简单笼统。正因为有这些因素的存在，于是，嘉庆帝之死就被误传为具有传奇色彩的雷电击死说。

第二种说法：病死说。这种说法来自嘉庆帝的儿子道光帝。道光帝认为，嘉庆帝的死是中暑引发的内热所致。这在道光帝亲笔所写的《大清昌陵圣德神功碑》碑文中可以找到依据：

孰意途次偶感旸暑，抵避暑山庄，积气上壅，遽于七月二十五日戌时，龙驭上宾，子臣攀号莫及，盖圣寿六十有一。

根据道光帝的记述来看，嘉庆帝在路途上确实是有些中暑，然

而令人疑惑的是，即使是真的中暑，也不会置人于死地，更何况是当时没有立刻就死的。对于这种中暑说，有人补充说，嘉庆帝毕竟是六十一岁的老人，心中时刻装着家国大事，一路上又是鞍马劳顿，得不到有效的休息和吃喝。嘉庆帝的这种忧国虑民思想，在路过天广岭时曾以诗作的形式表达出来：

　　　　　　至避暑山庄作

　　拂曙乘皇度广仁，境临承德德常新。

　　兆民逢稔群生遂，天子来巡万物春。

　　狝狩习劳修旧典，屏藩切念惠嘉宾。

　　岂耽游豫二旬驻，几务时亲饬众臣。

　　国事多艰，也难怪这位惦记着繁重政务的嘉庆帝不省心。自从他坐上皇帝宝座以来，面对乾隆帝留下的烂摊子，他没有一天安静地享受皇帝职务带来的快乐，无论是朝政还是黎民百姓，都没有能够让他放心的。白莲教的起义、朝政上的贪污腐败，以及社会上的治安甚至威胁到他自身和家庭生命的安全，这些事情，放在谁身上，也都够闹心纠结的。从这个角度说，路上因为热而中暑，旅途又劳累，到避暑山庄是很有可能生病的。

　　嘉庆帝临死前也是按照中暑劳累致病原因治疗的。当天的抢救方案如下：

　　七月二十五日，商景霬、郝进喜恭请皇上圣脉虚软。原系暑湿停饮受凉之症。以致懒食少寐，烦热口渴。服过清解代茶饮，表凉已解。惟余热未清，又因劳动伤气，虚火熏蒸，咽喉疼痛，小水频数，气喘声重。今用养阴清心汤调理。

七月二十五日，商景霨、李澍名恭请皇上圣脉虚软。原系暑湿停饮受凉之症。以致烦热口渴，咽喉疼痛，小水频数，气喘声重，又因劳动复伤正气，肺虚不胜痰热，喘促过盛。今设法用参麦定喘汤调治。

七月二十五日，商景霨、李澍名、苏钰、杨庆祥、王殿安恭请皇上六脉全无。原系外感后，又因劳动复伤中气，耗散津液，湿痰上壅，喘汗交作，神脱气散。吹通关无嚏，于本日戌时升遐。

笔者认为，嘉庆帝即使是上述原因生病，但根据目前掌握的史料可以看出，到达避暑山庄的二十四日，嘉庆帝正常参加礼仪活动，二十五日上午还工作正常，只不过中午之后，嘉庆帝病重，晚上八九点钟的时候，就已经死去。半天就能令身体向来健壮的嘉庆帝死亡，稍有点生活常识的人都应该懂得，中暑和劳累不可能在这么短时间内令人死亡，即突发暴病。那么，嘉庆帝是什么原因而突发暴病的呢？据分析，综合嘉庆帝身处环境、心理焦虑和身体状况等因素，嘉庆帝很可能因疾病以及对雷电的恐惧死于脑出血或脑梗死。理由很简单，那就是较为肥胖的嘉庆帝因中暑，心里焦急，于是本有的疾病加重，而当天下午或者傍晚，偶遇当地恶劣的雷雨天气。加上嘉庆帝信奉"天人合一"理念，认为"人在做，天在看"，且会通过某种方式有所昭示以警世人。因此，每次遇到大的雷雨天气嘉庆帝都会心惊胆战，坐卧

不安，诚惶诚恐，唯恐自己执政出现什么失误。再者，笔者十几岁的时候，曾在避暑山庄小住过，那里的雷电暴风雨相当猛烈吓人，当时，路边的很多大树都被风刮倒折断。所以不排除嘉庆帝因病受到刺激而突发脑出血、脑梗死这类急性病的可能，毕竟嘉庆帝体质并不虚弱，劳累休息即可恢复。

总之，嘉庆帝的死亡的确有令人感到疑惑的地方，属于猝死，更是暴亡，不仅他自己不明白，就是留给后人的那些记载，历史上也疑窦丛生。在历代帝王中，虽然嘉庆帝不是艰苦创业和扭转乾坤的风云封建帝王，但他在二十五年的政务治理中，毕竟还算得上是竭尽全力地反腐倡廉、励精图治，是一位政绩平凡但名声还不错的守成帝王。

现在，就让我们顺着历史的足迹，走进大清帝国见识一下衰败时代的嘉庆王朝吧。

第一章
皇位与皇权

　　嘉庆帝终于如愿以偿地坐到了乾隆帝让给自己的皇位宝座上，但老皇帝乾隆帝却依旧把持着至高无上的皇权，嘉庆帝只是一个如影子般的皇帝。当太上皇帝的巨大身影终于远去，有了生杀大权的嘉庆帝，举起了振兴祖业的大刀，首先毫不留情地砍向了他父亲的宠臣——大贪官和珅。

一、让皇权再飞会儿

嘉庆元年正月初一日（1796年2月9日），整座北京城里特别喜庆热闹，这是一个少有的大喜大庆的历史日子，清王朝在紫禁城太和殿举行了规模盛大的禅位授受大典，八十五岁的乾隆帝将皇位禅让给了三十七岁的皇十五子颙琰，改元"嘉庆"，乾隆帝被尊为太上皇帝。这是中国历史上最后一次、也是清朝唯一一次父传子内禅典礼。

禅让，中国古时的一种民主制度。指古代帝王将最高权力让位给不同姓的人，目的是让各大部族的代表人物都有机会分享最高权力。内禅，则是中国封建皇权父传子继承皇位的一种特殊方式，是封建皇权政治化集中发展历程中的独特现象。乾隆帝的内禅是皇权集中与强化的产物。其形式是皇权的交接与过渡，本质则是清朝由盛转衰的一个历史交接点。

乾隆帝朝服像

乾隆帝之所以举行禅位，他对外宣称，自己鉴于祖父康熙帝在位六十一年驾崩，以不超越祖宗和功高盖祖为名才禅让的，实则主要是为了祈求自己长寿、留名历史。他的这种想法，在雍正十三年（1735）九月初三日即位大典时就已经存在：

　　昔皇祖御极六十一年，予不敢相比，若邀穹苍眷佑，至乾隆六十年乙卯，予寿跻八十有五，即当传位皇子，归政退闲。

　　乾隆三十八年（1773），乾隆帝秘密立皇十五子颙琰为皇太子之后，于乾隆六十年（1795）九月初三日，乾隆帝在勤政殿公开宣布颙琰为皇太子，并同时定于次年正月初一日举行授受大典，禅位颙琰，改元"嘉庆元年"。

　　嘉庆元年（1796）正月初一日的授受大典，其典礼仪式以太和殿为中心，场面既隆重又庄严。

　　在太和门外陈设着卤簿、步辇，午门外设置五辂及驯象、仗马、黄盖、云盘等。中和韶乐、丹陛大乐即导迎乐齐备，分别设于太和殿前檐下及太和门之内、午门之外。太和殿内陈放着拜褥、诏案、表案，上面陈放着传位诏书及群臣贺表。御座左边的桌几上陈放着从乾清宫恭请来的象征国家权力的"皇帝之宝"大印。大学士二人立于殿檐下，内外王公及文武百官集于殿外序立，朝鲜、安南等外国使臣排列其后，静候太上皇帝和嗣皇帝的到来。

　　典礼仪式共分两部分进行。

　　第一部分为授受仪典，嘉庆帝颙琰先陪太上皇帝乾隆帝到奉先殿、堂子两处行礼，随后回官更换朝服，再到乾清宫恭请太上皇帝启驾。在中和韶"乐元平之章"的乐曲声中，太上皇帝升御太和殿，阶下鸣鞭三次，起奏丹陛大乐，颙琰先于殿内西向站立，再由礼部堂官引导至殿中拜位。这时，鼓乐齐鸣，所有文武官员皆跪伏殿内，听宣表官跪展宣读传位诏书。随后，大学士二人恭导颙琰至御座前俯伏跪地，

由乾隆帝亲自授给嗣皇帝"皇帝之宝"，颙琰跪受之。嗣皇帝颙琰率领群臣再向乾隆帝行三拜九叩大礼，阶下鸣鞭三次，奏中和韶乐"和平之章"，恭送太上皇帝乾隆帝起驾还宫，在宫内接受内庭主位、公主、福晋以及未受封爵的皇孙、皇曾孙、皇玄孙的庆贺礼。

太和殿外景

太上皇帝之宝

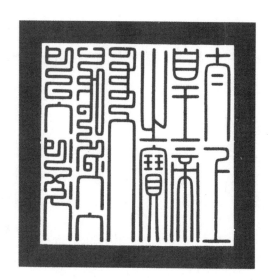

太上皇帝之宝文

象征皇权的皇帝之宝（满文）

第二部分是嗣皇帝登基典礼，接受文武百官的朝贺。嗣皇帝颙琰于保和殿暖阁更过礼服，在礼部堂官及内大臣的簇拥下升登太和殿金龙宝座，鸣鞭、奏乐如前，宣表官宣读贺表，王公以下官员及外藩各国使臣于殿前向新皇帝行三跪九叩礼，大学士恭放传位诏书于丹陛所设黄案之上，众臣再行三叩礼。礼成，新皇帝还宫。众臣则至天安门排列序立，由鸿胪寺官员登上天安门城楼，恭宣太上皇帝传位诏书，众大臣跪，三呼万岁，登基大典完成。

嘉庆朝初期的历史，比较特殊，其时间长达三年之久。乾隆帝名为归政，禅让了皇位，但实际上依旧把持着朝政政治和军事大权，且太上皇帝的谕旨称为敕谕，甚至皇宫内仍以年号"乾隆"纪年。嘉庆帝作为嗣皇帝，除了主持日常的各种烦琐的祭祀礼仪活动，就是整日恭听圣训，侍游各种宴会之中。

归政仍训政宝及宝文

在嘉庆朝实行所谓的太上皇帝训政，实则是把乾隆朝后期的统治秩序带到嘉庆朝，因此，嘉庆朝与乾隆朝在本质上没有什么改变，发号施令的是太上皇帝，朝廷上的官员还是那些官员。其实，这些早在乾隆六十年（1795）确定皇太子的时候就已经有所规定了。

朕仰承昊眷，康强逢吉，一日不至倦勤，即一日不敢懈驰。归政后，凡遇军国大事，及用人行政诸大端，岂能置之不问，仍当躬亲指教。嗣皇帝朝夕敬聆训谕，将来知所禀承，不致错失，岂非天下国家之大庆。

不仅如此，就是在皇宫内的居住地点上，乾隆帝也丝毫不让步。按惯例，皇帝应该居住在养心殿。可是，乾隆帝却仍以太上皇帝的身份居住在养心殿，令嗣皇帝嘉庆帝居住在毓庆宫，即原先的皇太子宫，并赐名毓庆宫为"继德堂"。

毓庆宫宝

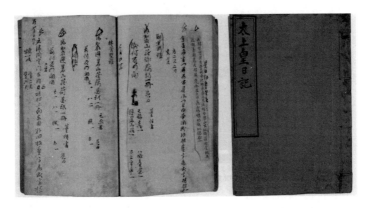
《太上皇日记》是记载乾隆帝当太上皇帝期间的一些活动的原始记录

由此可见，嘉庆帝虽名为皇帝，实则并没有国家朝政实权，嗣皇帝只是乾隆帝的侍皇帝。对此，吴晗编辑的《朝鲜李朝实录中的中国史料》中有这样的记载：

嘉庆元年正月，进贺使李秉模等驰启曰："……礼部尚书德明引臣等及东至正、副使至御榻前跪叩。太上皇帝使阁老和珅宣旨，曰：朕虽然归政，大事还是我办。"

三月，朝鲜国王召见回还正使闵钟显、副使李亨元等。上谓钟显曰："新皇帝何如？"钟显曰："仁孝端重，在诸王中最有令誉，观于宴响之时，侍坐上皇之侧，只视上皇之动静，而一不转瞩，观于此亦可见其人品矣。"

同月，召见回还进贺使李秉模等。上曰："太上皇箸力康宁乎？"秉模曰："然矣。"上曰："新皇帝仁孝诚勤，誉闻远播云，然否？"秉模曰："状貌和平利落，终日宴戏，初不游目。侍坐太上皇，上皇喜则亦喜，笑则笑，于此亦有可知者矣。"

　　以上虽然是记载朝鲜使臣的所见所闻，但却真实反映了太上皇帝乾隆帝与嗣皇帝嘉庆帝之间的关系，从而可以看得出来，嘉庆朝初年的政治格局，还是乾隆朝末年的老样子。

　　历史上的乾隆朝末年，大清国经过鼎盛时期的康乾盛世，已经成为开始走向没落的衰败之世。作为由盛到衰转折点的嘉庆朝，由于土地高度集中，民生困顿，官场腐败，军备废弛，阶级矛盾与民族矛盾问题丛集尖锐，此时的朝廷面临着严重的统治危机，国内战乱不断，川楚陕地区爆发的白莲教起义、天理教农民起义，这些都是国内社会各种阶级矛盾极度尖锐化的反映。然而，此时的朝廷吏治呢？整个官场已经被贪赃枉法之风所弥盖，朝政大事由揽权逾制、阿谀献媚的大贪官和珅所左右；地方官员也广纳贿赂，朋比为奸。政治上的徇私舞弊、因循怠玩形成官场上的攀比之风。作为这些官场不正之风的代表人物，乾隆帝的宠臣和珅除了贪赃枉法、陷害朝臣，还有排斥异己、结党营私等威胁皇权的可怕行为，和珅的影响和形象在当时可谓整个腐败王朝的缩影。

《平苗图册·序》

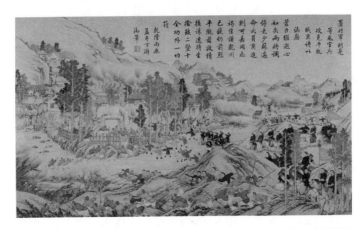

《平苗图册·明亮攻克平陇图》 和琳死后，嘉庆帝任命明亮为代理将军继续镇压苗民起义。此图反映明亮奏报攻克起义军基地平陇

整治朝政、疏通吏治的症结在权臣和珅，肃清和珅则成为嘉庆帝的心头大患。但由于乾隆帝的存在，嘉庆帝只能以潜伏者的姿态，默默注视着眼前发生的一切，养精蓄锐，静静地耐心等待着他亲政的那一天到来。看来，和珅的死已经不是很遥远的事情了，只是嘉庆帝在等待机会而已。这机会就是，和珅的保护神——乾隆帝的死亡，也就是和珅的末日。

二、"休假式"杀人

1799年，中国历史上的清王朝发生了两件政治大事情：第一件事情是，自诩"十全武功"的八十九岁太上皇帝乾隆帝死了；第二件事情是，中国历史上有名的大贪官和珅也死了，而且是在乾隆帝大丧的时候，被乾隆帝的儿子嘉庆帝赐予上吊自尽。这两件事情同时发生在嘉庆四年（1799）。

嘉庆四年（1799）正月初三日辰时，乾隆帝病逝于养心殿，终年八十九岁，上谥号"法天隆运至诚先觉体元立极敷文奋武钦明孝慈神圣纯皇帝"，庙号"高宗"。对于乾隆帝的死，作为孝顺儿子的嘉庆帝，自然是比较悲痛的，于是《仁宗睿皇帝实录》上就出现了这样的词句，"上至御榻前，捧足大恸，擗踊呼号，仆地良久"，"上哀恸深至，自旦至晡，哭不停声，竟日水浆不入口，王大臣等伏地环跪，恳上节哀，上悲痛不能自已，左右皆弗忍仰视"。

乾隆帝的死，对于当时的国家来说，不失为一件好事、幸事，它不仅标志着乾隆朝在嘉庆朝延续的结束，还是嘉庆帝"侍皇帝"身份的结束，是嘉庆帝亲政的开始，同时也是嘉庆朝政治新气象的起点。因此，嘉庆帝急不可耐地在乾隆帝刚死就开始了他真正的政治生涯。嘉庆帝施展自己政治抱负的第一件事情，就是放开手脚大胆处理军国大事——诛杀和珅。

和珅（1750—1799），原名善保，字致斋，姓钮祜禄。正红旗满洲二甲喇人，生于乾隆十五年（1750），比乾隆帝小三十九岁。曾经被抬入上三旗的正黄旗，获罪后其家属又降回正红旗。其五世祖尼牙哈纳巴图鲁屡立战功，为子孙挣得三等轻车都尉世职。父亲常保袭世职之后，其堂叔阿哈顿色在康熙皇帝征讨准噶尔时阵

和珅（提供者：李宏杰）

亡，追述军功，常保受赠一等云骑尉。到乾隆时，兼任福建都统。其为官清廉，在乾隆二十五年（1760）病死后，也没有留下什么家业。乾隆三十三年（1768），和珅承袭三等轻车都尉的世职。

历史上的和珅，不仅有着英俊的相貌和恰到好处的溜须拍马技巧，而且很有才干，通晓满、汉、蒙、藏四种语言和文字，且记忆力惊人，过目成诵，聪明决断，办事干练，就连嘉庆帝也承认他"精明敏捷"，而这些恰恰是乾隆帝所需要的。因此，和珅从一个侍卫一跃升为国家最高统治集团中的军机大臣，那年他才二十八岁。乾隆五十八年（1793）首次访华的英国特使马戛尔尼对和珅也有着深刻印象：年事约在四十至五十岁之间，容貌端重，长于语言，谈吐隽快纯熟。

对于和珅这样一个人物，是如何从一个小小侍卫开始走向一代权臣的，民间有三种说法。

1. 薛福成在《庸盦笔记》中记载：乾隆帝一次外出巡视，发现竟然没有使用黄伞盖，追问责任。很多人都不敢言语，只有和珅回答说："管此事的人，应该负责。"因为和珅的胆大心细，给乾隆帝留下了深刻印象。

2.《清朝野史大观》上记载：一次乾隆帝外出，坐在轿子里背诵《论语》，突然忘了下文，和珅给接上了下文。因此，乾隆帝开始喜欢上了这个很有才华的侍卫。

3.《归云室见闻杂记》上记载：

上顾问是何出身，对曰："文员。"问："汝下场乎？"对曰："庚寅（乾隆三十五年）曾赴举。"问："何题？"对："孟公绰一节。"
上曰："能背汝文乎？"随行随背，趫捷异常。上曰："汝文亦可
中得也。"其知遇实由于此。

上文记载的是乾隆四十年（1775），年仅二十六岁的和珅扈从乾
隆帝山东时的一段路上的对话。自那次对话之后，和珅在官场上不仅
升迁很快，而且官职很多，就是在生活中，也能得到乾隆帝格外高的
待遇。

乾隆五十四年（1789）十一月二十七日，为了再次表示对和珅的
宠爱和信任，七十九岁的乾隆帝把自己最疼爱的年仅十三岁的十公主
和孝固伦公主嫁给了和珅十五岁的儿子丰绅殷德，且陪送了大量的嫁
妆。这使得和珅与乾隆帝之间，不仅有主仆、君臣关系，还有了更为
亲近的亲家（姻亲）关系。

乾隆帝为什么这么宠爱和珅呢？

对于这个问题的解答，需要从两个阶段考虑。

第一阶段，乾隆朝时期，和珅对乾隆帝很会投其所好，能帮助乾
隆帝掌管皇帝的私人钱财，乾隆帝很爱花钱，很会享受，花钱如流水，
需要这样一个人才在自己身边；还有，据说乾隆帝与和珅在个人感情
上也很特殊。另外，也有人说和珅之所以受到乾隆帝宠爱，是因为和
珅的相貌与乾隆帝青年时曾调戏过的雍正帝的一个妃子相似。其中，
《清朝野史大观》上有这样一段记载：

当雍正时，世宗有一妃，貌姣艳。高宗年将冠，以事入宫，

过妃侧，见妃方对镜理发，遽自后以两手掩其目，盖与之戏耳。妃不知为太子，大惊，遂持梳向后击之，中高宗额，遂舍去。翌日月朔，高宗往谒后，后瞥见其额有伤痕，问之，隐不言，严诘之，始具以对。后大怒，疑妃之调太子也，立赐妃死。高宗大骇，欲白其冤，逡巡不敢发，乃亟返书斋，筹思再三，不得策，乃以指染朱迅往妃所，则妃已缳帛，气垂绝。乃乘间以指朱印妃颈，且曰："我害尔矣。魂而有灵，俟二十年后，其复与吾相聚乎？"言已，惨伤而返。迨乾隆中叶，和珅以满洲官学生在銮仪卫选舁御舆。一日，驾将出，仓猝求黄盖不可得。高宗云："是谁之过欤？"和珅应声曰："典守者不得辞其责。"高宗闻而视之，则似曾相识者，骤思之，于何处相见，竟不可得，然心终不能忘也。回宫后，追忆自少至壮事，恍然于和珅之貌，与妃相似。因密召珅入，令跪近御座，俯视其颈，指痕宛在，因默认坤为妃之后身，倍加怜惜，遂如汉哀之爱董贤矣。不数年间，由总管仪仗而骤跻相位。故坤之贪恣，高宗虽知之，亦不加责焉。迨高宗将归政时，谓珅曰："吾与汝有宿缘，故能若是，后之人将不汝容也。"

以上说法，只是传说，不足为信。

第二个阶段，乾隆帝禅位之后，依旧把持国家的权力部门，和珅正好能替乾隆帝行使朝政大权，是乾隆帝的左膀右臂；且乾隆帝的权力欲很强，他害怕嗣皇帝嘉庆帝有图谋不轨行为，于是他就利用和珅监督、控制和压制嘉庆帝。因此，和珅在乾隆朝和嘉庆朝的政治地位很特殊，和珅在当时的确是很有政治头脑和政治能力的，否则他也不会得到乾隆帝那样的青睐和重用。

另外，值得注意的是，虽然乾隆帝宠信和珅，对其大胆使用，但这也是一种利用，乾隆帝对和珅的越权还是有所警惕的。嘉庆二年（1797）八月，军机处首枢大臣阿桂死后，和珅独霸军机处大权，并令各部院衙门及督抚藩臬将所上奏折稿抄录一份送给军机处，甚至规定各部院文武大臣须将所奏事情，提前告诉军机大臣知道。乾隆帝发现这种情况后，及时给予了制止。对此，《清史稿》上有这样的记载：

> （乾隆帝）谕和珅曰："阿桂宣力年久，且有功，汝随同列衔，事尚可行。今阿桂身故，单挂汝衔，外省无知，必疑事皆由汝，甚至称汝师相。汝自揣称否？"词色甚厉。嗣后遂止写军机大臣，不列姓名，著为例。

正是由于乾隆帝的宠爱，乾隆帝成了和珅的保护伞。因此，虽然和珅贪赃枉法，买卖官禄，瞒上欺下，专横跋扈，为非作歹，但在乾隆朝，那些王公大臣没有一个敢参劾他的。和珅在当时已成为国家的首贪、恶贪，是那些朝政贪官的代表和保护神，而乾隆帝则又是和珅的保护神，他们之间这种穿一条裤子的行为，最终遭罪的、受害的是百姓和国家的利益。对于和珅的这一切不法和专擅，嘉庆帝看在眼里，记在心里，但也只能以忍耐和沉默的方式等待乾隆帝死后再作处理。深藏不露，怒而不发，表现的只是麻木，用大智若愚形容此时的嘉庆帝是最恰当不过的。因为机会总是留给有心人的。

嘉庆四年（1799）正月初三日，当乾隆帝刚刚死去，嘉庆帝就开始了预谋已久的铲除和珅的行动。初四日，嘉庆帝借口守丧，褫夺了和珅的军机大臣、九门提督等两个重要职务，令其专心专职在乾清宫为乾隆帝守灵，不得随意出入。随后，经过一番精心周详的准备，正月初八日，即乾隆帝死后的第五天，嘉庆帝正式对和珅下了杀手。

嘉庆四年（1799）正月初八日，嘉庆帝发布了一道上谕，首先停止了军机处的权力职能，使作为军机处首辅大臣的和珅丧失了消息来源和政治权力。

> 谕内阁、各部院衙门文武大臣，及直省督抚藩臬，凡有奏事之责者，及军营带兵大臣等，嗣后陈奏事件，俱应直达朕前，俱不许另有副封关会军机处。各部院文武大臣，亦不得将所奏之事，豫先告知军机大臣。即如各部院衙门奏章呈递后，朕可即行召见，面为商酌，各交该衙门办理，不关军机大臣指示也。何得豫行宣露，致启通同扶饰之弊耶。

紧接着，嘉庆帝就以给事中王念孙、御史广兴等列款纠劾为名，令仪亲王永璇、成亲王永瑆到乾清宫传旨，将大学士和珅、户部尚书福长安职务罢免，由武备院卿、护军统领阿兰保监押将两人投入牢狱治罪。为了顺利铲除和珅，与此同时，嘉庆帝还对朝廷的重要官员职务作了人事调整：仪亲王永璇总理吏部，成亲王永瑆总理户部兼管三库；军机处、内阁、吏部、户部、兵部等要害部门的领导，也作了人员调整，并在这一天颁布了乾隆帝的遗诏：

> 朕惟帝王诞膺天命，享祚久长……人生上寿百年，今朕已登八十有九，即满许期颐，亦瞬息间事。朕惟庄敬日强，修身以俟，岂尚有所不足而奢望无已耶。朕体气素强，从无疾病，上年冬腊，偶感风寒，调理就愈。精力稍不如前。新岁正旦，犹御乾清宫受贺，日来饮食渐减，视听不能如常，老态顿增。皇帝孝养尽诚，百方调护，以冀痊可。第朕年寿已高，恐非医药所能奏效。兹殆将大渐，特举朕在位数十年翼翼小心，承受天祖恩祐之由，永贻来叶。皇帝聪明仁孝，能深体朕之心，必能如朕之福，付托得人，实所深慰。内外大小臣工等，其各勤思厥职，精白乃心，用辅皇帝郅隆之治，俾亿兆黎庶，咸乐升平。朕追随列祖在天之灵，庶无遗憾矣。其丧制悉遵旧典。二十七日而除。

事实上，乾隆帝的这份遗诏暗示着嘉庆帝铲除和珅的一个重要信息。这份遗诏中将朝廷的心头大患——白莲教起义轻描淡写而过，包括乾隆朝后期的积习政弊也掩盖起来。这就是所谓的"欲盖弥彰"。因为在这份遗诏之前，嘉庆帝先于初四日就以自己发布上谕的形式称此前战功"粉饰其辞，并不据实陈奏"。"军营积弊，已非一日。朕综理庶务，诸期核实。……若仍蹈欺饰怠玩故辙，再逾此次定限，惟按军律从事。言出法随，勿谓幼主可欺也。"这就说明，说是为了整饬内政、梳理军备，实则是为铲除和珅埋下伏笔。文中"幼主"就是指"嘉庆帝"，而除了和珅之外有谁敢这么做呢？所以说，诛杀和珅的天罗地网无形

落下时，"金风未动蝉先觉，暗算无常死不知"。更何况面对至高无上
的皇权，此时的和珅知道了又能怎么样呢？

在处理和珅事件中，嘉庆帝不但有胆量，还具有足够多的智谋。
虽然有科道参劾招牌作掩护，但在大丧之日就铲除先皇倚重的大臣，
这在当时社会，是少有的、不可思议的重大事件，何况嘉庆帝还是有
"仁孝"之名的守成皇帝。因此为了在敏感时间内，避开敏感问题而办
好必办事情，嘉庆帝颇费了一番脑筋。为了说明此事，正月十一日，
他专门发布了一道上谕：

> 朕亲承付托之重，兹猝遭皇考大故，苫块之中，每思论语所
> 云"三年无改"之义。如我皇考敬天法祖，勤政爱民，实心实
> 政，薄海内外，咸所闻知，方将垂示万年，永为家法，何止"三
> 年无改"。至皇考所简用之重臣，朕断不肯轻为更易，即有获罪
> 者，若稍有可原，犹未尝不思保全，此实朕之本衷，自必仰蒙
> 昭鉴。

嘉庆帝的意思是说，作为皇帝，他不仅会遵守先朝制度，还会照
样重用那些前朝的重臣，即使犯有罪过，也会能原谅就原谅，这是他
的本意。实则，这是嘉庆帝故意施的障眼法，因为他下面说的话则是
180度大转弯，直接将治罪的矛头指向了和珅。嘉庆帝在这道谕旨中是
这样说的：

> 今和珅情罪重大，并经科道诸臣列款参奏，实有难以刻贷者。

是以朕于恭颁遗诰日，即将和珅革职拏问，胪列罪状，特谕众知之。

嘉庆帝表示完这种态度之后，立刻下发各省督抚，令其对和珅议罪。事情出奇的迅速、顺利，朝廷上下的官吏们见和珅已经倒台，纷纷落井下石严厉声讨。其中，直隶总督胡季堂上奏称：

和珅丧尽天良、非复人类，种种悖逆不臣，蠹国病民，几同川楚"贼匪"，贪黩放荡，真一无耻小人，丧心病狂，目无君上，请依大逆律凌迟处死。

树倒猢狲散，墙倒众人推。和珅这样的大人物，在嘉庆帝推动的专项整治他的运动中，注定其大势已去，所以关于和珅的种种罪状，很快就出现了定案性结果。

有关和珅的档案，中国第一历史档案馆中所存的大多是有关他被抄家以及被没收财产的记载，至于他的生平和受审的档案则所存无几。究其原因，可能和珅的许多事情都与乾隆帝有直接的关系，或牵扯皇家的隐私机密，档案多被销毁或散失，有的则落到私人手中。

在处理和珅问题上，由于很多事情最终的根源都涉及乾隆帝，出于情理和政治上的种种考虑，嘉庆帝采取速战速决的办法，只是简单地罗列了和珅的一些主要罪状。正月十五日，嘉庆帝正式公布了和珅的这些罪状，其罪状共计二十条：

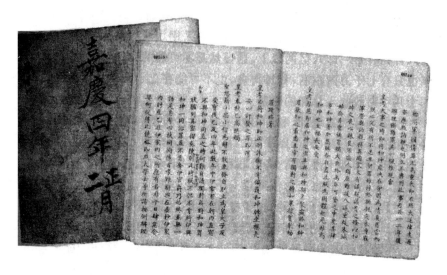

嘉庆帝将和珅定罪处死的上谕

　　朕于乾隆六十年九月初三日，蒙皇考册封皇太子，尚未宣布谕旨，而和珅于初二日即在朕前先递如意，漏泄机密，居然以拥戴为功，其大罪一；

　　上年正月皇考在圆明园召见和珅，伊竟骑马直进左门，过正大光明殿，至寿山口，无父无君，莫此为甚，其大罪二；

　　又因腿疾，乘坐椅轿抬入大内，肩舆出入神武门，众目共睹，毫无忌惮，其大罪三；

　　并将出宫女子娶为次妻，罔顾廉耻，其大罪四；

　　自剿办教匪以来，皇考盼望军书，刻萦宵旰，乃和珅于各路军营递到奏报，任意延搁，有心欺蔽，以致军务日久未竣，其大罪五；

　　皇考圣躬不豫时，和珅毫无忧戚，每进见后，出向外廷人员叙说，谈笑如常，丧心病狂，其大罪六；

昨冬皇考力疾批章，批谕字画，间有未真之处，和珅胆敢口称不如撕去，竟另行拟旨，其大罪七；

前奉皇考谕旨，令伊管理吏部、刑部事务，嗣因军需销算，伊系熟手，是以又谕令兼理户部题奏报销事件，伊竟将户部事务一人把持，变更成例，不许部臣参议一字，其大罪八；

上年十二月内，奎舒奏报循化、贵德二厅贼番聚众千余，抢夺达赖喇嘛商人牛只，杀伤二命，在青海肆劫一案，和珅竟将原奏驳回，隐匿不办，全不以边务为事，其大罪九；

皇考升遐后，朕谕令蒙古王公未出痘者，不必来京，和珅不遵谕旨，令已未出痘者，俱不必来京，全不顾国家抚绥外藩之意，其居心实不可问，其大罪十；

大学士苏凌阿，两耳重听，衰迈难堪，因系伊弟和琳姻亲，竟隐匿不奏。侍郎吴省兰、李潢，太仆寺卿李光云皆曾在伊家教读，并保列卿阶，兼任学政，其大罪十一；

军机处记名人员，和珅任意撤去，种种专擅，不可枚举，其大罪十二；

昨将和珅家产查抄，所盖楠木房屋僭侈逾制，其多宝阁及隔段式样皆仿照宁寿宫制度，其园寓点缀，竟与圆明园蓬岛瑶台无异，不知是何肺肠，其大罪十三；

蓟州坟茔居然设立享殿，开置隧道，附近居民有和陵之称，其大罪十四；

家内所藏珍宝，内珍珠手串竟有二百余串，较之大内多至数

倍，并有大珠，较御用冠顶尤大，其大罪十五；

又宝石顶并非伊应戴之物，所藏真宝石顶有数十余个，而整块大宝石不计其数，且有内府所无者，其大罪十六；

家内银两及衣服等件数逾千万，其大罪十七；

且有夹墙藏金二万六千余两，私库藏金六千余两，地窖内并有埋藏银两百余万，其大罪十八；

附近通州、蓟州地方，均有当铺、钱店，查计资本，又不下十余万，以首辅大臣下与小民争利，其大罪十九；

伊家人刘全，不过下贱家奴，而查抄赀产，竟至二十余万，并有大珠及珍珠手串，若非纵令需索，何得如此丰饶，其大罪二十。

按照常识分析，和珅的罪行，肯定要超过以上很多，甚至是重要的国家大案、要案，但为什么只是过多地将其罪行圈定在钱财和逾制上了呢？究其原因，还是其中的大部分事件牵扯到了乾隆帝。从当时的政治环境分析，和珅所犯的大多数罪行，乾隆帝都是知道的，那些事情不是乾隆帝认可的就是默认的，甚至有些事情就是乾隆帝指使或有意的放任。之所以出现和珅这样的人，乾隆帝有着不可推卸的责任，可以说这一切都是乾隆帝一手造成的。在一定意义上说，和珅是乾隆帝的精神支柱，是乾隆帝的代言人，和珅更像是乾隆帝的影子。

和珅所犯罪状公布的同时，为了维护皇权的尊严，开脱乾隆帝的责任，嘉庆帝专门下谕特别强调说，和珅的问题如能及早参劾，乾隆帝一定会把和珅处以重典，绳之以法。可是许多年来，竟没有一个人弹劾和珅，也没有一个人正面奏及和珅的事情，这样做表面上是不烦劳圣心，实际上是畏惧和珅，忌惮和珅，而钳口结舌。嘉庆帝把乾隆帝的责任开脱出来，却把责任推到众多朝臣身上。

由于在乾隆帝的大丧之日就迅速铲除了大清国的大蛀虫和珅，没收了据传说八亿两白银的和珅家产，所以在大快人心的同时，嘉庆帝也背上了一个"贪财"皇帝的称号。因此，民间流传一句顺口溜："和珅跌倒，嘉庆吃饱。"

嘉庆帝为了向世人表示他惩办和珅查抄和珅的家，不是因为和珅是大清国的首富，忌妒他有钱，而是因为他"不法已极"，"朋比为奸，获罪甚重，不得不治"，"蠹国殃民，专擅狂悖。和珅一日不除，则纲纪一日不肃"。因此，嘉庆帝这样解释：

> 向来臣工有以贪墨获罪者，例将家产籍没入官。总视其获罪之重轻，而不计其赀产之丰啬，即如赃私狼藉，家产优厚，从未有如和珅者。然春间查抄之后，除违制之物，如正珠朝珠、圭式案之类，原不可以颁赐臣工，其余若章服什物，俱各视王公文武大臣以及御前乾清门侍卫等品级、职分应用者，悉行分赐，下至宫中内监，亦无不遍邀赏赉。而留赐和孝公主者，更不可胜计，惟零星破旧物件，始交崇文门变价，所值无几，此人所共知也。

为了强调以上观点，嘉庆帝继续解释说：

朕在藩邸时，则一切财用犹有人己之别，今以天下为家，岂仅以藏诸府库者视为己有。此项查抄赍物，纵有隐寄，自朕观之亦不过在天之下，地之上耳，何必辗转根求。

嘉庆帝的这些说法并不完全正确。据史料记载，当时的和珅全部家产是由以嘉庆帝为首的国家收管了。其中，金银和制钱等绝大部分被送到户部大库或内务府广储司银库。珠宝玉器、金银器皿、首饰、古玩、铜器、锡器、皮张、绸缎、布匹、家具、衣物和鞋帽等，除一小部分赏给了王公大臣、公主、御前侍卫和太监等外，另一少部分（主要是一些破旧物件、戏装等）在崇文门和热河变卖成现钱，交到内务府广储司银库，绝大部分都被内务府接收，成为嘉庆帝的财富了。和珅在北京的住宅、花园，除一部分赏给和孝公主居住外，大部分赏给了几个亲王，和珅的老宅子仍赏给和珅之弟和琳的儿子丰绅伊绵居住。和珅的当铺，除把永庆当赏给了永璇、庆余当赏给了永璘、恒庆当赏给了永琅外，其余的都交给内务府管理，收入供皇帝挥霍了。和珅在北京的铺面房除赏给王公大臣一部分外，其余的也归内务府管理。和珅的土地大部分入官，一小部分赏给了太监。和珅在热河的房产，也都赏了人。和珅的衣物、书籍，除一部分赏人外，大部分交到内务府了。和珅在蓟州的坟茔被拆除，连附近看坟人的房子也一起被变卖。和珅的家奴、仆人及其家属一起变卖。而这些收入都交到内务府，归嘉庆帝一人使用。

由于和珅对那二十条指控大多数供认不讳，又有这些巨额财产的查获，和珅的死已经是必然和必须的了。朝廷大学士、九卿等文武官员及翰、詹、科、道官员们，很快就奏请"将和珅照大逆律凌迟处死"。因此，处死和珅的最后一道法律程序也算是完成了，只等嘉庆帝的最高指示裁定。

俗话说"是亲三分向"。和珅的儿媳妇是乾隆帝最小的公主，也是嘉庆帝的皇妹，她作为和家之人，自然不能袖手旁观看着和家自此败落下去，于是，多次亲自到皇宫找皇帝哥哥嘉庆帝为公公求情，"涕泣请全其肢体"。朝廷大臣董诰、刘墉等人也借此向嘉庆帝进言："珅罪虽万剐犹轻，曾任先朝大臣，请从次律。"既然自己皇妹求情，大臣们也这么说，不想把事情做绝的嘉庆帝出于"不看僧面看佛面"，正好借坡下驴，卖了个很大的人情面子，在最终处死和珅手段上，做了一些必要的非实质性的变通。

嘉庆四年（1799）五月十八日，嘉庆帝法外开恩，赐和珅上吊自杀。这样，四十九岁的和珅落了个全尸待遇，既给了乾隆帝尊严上的体面，还照顾了皇妹的感情，而嘉庆帝的目的也达到了。嘉庆帝的考虑和处事，可谓一举三得。

既然诛杀和珅要考虑这么多复杂因素，那么为什么嘉庆帝还这么费心思铲除掉和珅呢？

嘉庆帝在皇考大丧之日诛杀和珅，主要原因还是政治。

1.可以肃朝纲。对于朝廷中一些朝臣有杀一儆百的作用。

2.促进"剿匪"。镇压川陕楚白莲教的军队指挥者很多依仗和珅背后撑腰，不肯卖命朝廷。

3.安抚民心。当时社会的统治阶级与被统治阶级之间的矛盾很大，那些"匪民"，大多数是官逼民反，杀了和珅，借此缓和阶级之间关系。

4.私人恶气。和珅的种种不法行为，本来就为嘉庆帝所厌恶，而和珅在太上皇执政期间，曾监视和压挤嘉庆帝，让嘉庆帝觉得自己的安全受到了威胁。

在处理和珅的案件上，嘉庆帝做得很适度，并没有因此牵扯过多的官员，其主要还是为了当时的政治稳定、官场上的和谐。因此，和珅在嘉庆帝严厉的打击下，从被捕到死亡，只用十天就结束了他自己罪恶的一生。

嘉庆帝诛杀和珅这一年，他已经是四十岁的人。作为一代守成帝王，在日趋疲惫的国家政治中，嘉庆帝尽了最大可能挽救败局，虽然效果不明显，但就诛杀和珅这件事来说，嘉庆帝的头脑还是清醒的，他以身作则、身体力行，且有所作为的思想和举动，不愧为一代务实的守成皇帝。而嘉庆帝的这一切素质修养，均来自他皇子时期的读书生活。

第二章

人生的轨迹

乾隆帝的皇子虽然数量众多，而且还有两位嫡子，但历史往往是喜欢捉弄人的，即使是贵为天子的乾隆帝也不例外。乾隆帝的十五皇子颙琰在不自觉的生活中，竟然意外得到了老天的厚爱，成为储君且顺利登上了历史舞台。然而，成为皇帝后的工作和生活却不是那么顺利。

一、喜欢读书的皇子

　　嘉庆帝，姓爱新觉罗，原名永琰，即位后改名为颙琰。乾隆二十五年（1760）十月初六日凌晨丑时，出生在圆明园的"天地一家春"。乾隆三十八年（1773）十一月初八日，被内定为储君，当时年仅十四岁；乾隆五十四年（1789）十一月初八日，受封为嘉亲王；乾隆六十年（1795）九月初三日，被正式册立为皇太子。第二年（1796）正月初一日，三十七岁的颙琰即位，年号"嘉庆"。嘉庆二十五年（1820）七月二十五日，死于避暑山庄，终年六十一岁，在位时间二十五年。庙号"仁宗"，经加谥后谥号全称为"受天兴运敷化绥猷崇文经武光裕孝恭勤俭端敏英哲睿皇帝"，简称"仁宗睿皇帝"。

嘉庆帝像

嘉庆帝出生的时候，乾隆帝已经是五十岁的人了，因此在这个儿子诞生的那年元旦，乾隆帝以喜悦、期待的心情，在御绘的《岁朝图》志语中写下了"御绘岁朝图志语，有以迓新韶嘉庆"诗句。于是，当颙琰即位之后，改元"嘉庆"，意思是嘉祥吉庆。

本来，清朝初期皇帝名字的避讳，并没有严格规定。努尔哈赤、皇太极和顺治帝福临，其名字只是在官书《清实录》玉牒等里面出现时，才在其名字上贴上黄色纸条，即所谓的贴黄签，以示敬避。清朝皇帝名字的避讳制度，是康熙朝开始的。例如，康熙帝名字玄烨，其"玄"字在书写时，故意少写最后一笔，且所有带"玄"字旁的字，均要少写最后一笔；"烨"字也是如此，其最后一笔不写出来。雍正帝名字胤禛，不仅要将"胤禛"两个字的最后一笔少写，而且还令其他众兄弟将"胤"改写成"允"字。乾隆帝名字弘历，其"弘"字少写最后一笔，而"歷"（历）则改写成"曆"。到嘉庆帝永琰时，乾隆帝考虑，"永"字是常用字，避讳不方便，于是将"永"字改成不常用的"颙"字。乾隆帝这样做的目的是，既考虑了御名（皇帝名字）的规范性，也减少了其他兄弟改名字的麻烦。于是，嘉庆帝即位后，在书写"颙琰"时，两个字各少写一笔，以示避讳。

嘉庆帝在当皇帝之前，主要是在上书房的读书声中度过的。三十年的读书生活，对于嘉庆帝来说，其影响是才华的学习和积累，他深厚的文化修养和超常的天赋在这段时期得到了最大的升华，这些才能，不仅在他的诗文集《味余书室全集》中有所表现，从他的性格和性情中也能看出来。"大智若愚"这个词语，也许是对性情温和、为人仁孝、近乎木讷的颙琰最好的诠释，因为他不仅性格内敛、沉稳，做人做事

也总是十分低调。也正是由于他的这些看似缺点的特点，使得他在众多的皇子中，并不显山露水。因此，他能有一个良好的心态和生活环境，静下心来读书学习。

《颙琰春苑展书像》轴

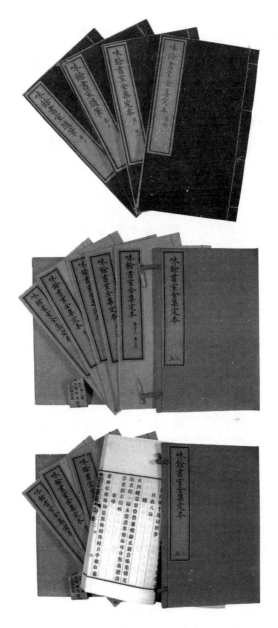

《味余书室全集》里面收集了嘉庆帝做皇子时的诗文，是
其学习的感受和心得

味余书室印及印文

　　嘉庆帝学业和思想的成熟，主要得益于他的读书生活时期。他的成熟，一方面来自他的孜孜以学、勤奋好学，另一方面则与其老师的循循善诱、耐心教导有关。对于学生来说，老师不仅是他们知识的启蒙者，也是他们学问的传授人，更是他们做人处事的楷模。因此，老师的性格和品质，不仅能深印在学生心中，甚至还能影响到学生今后的性格和生活。

清朝皇子的读书笔记

《国朝宫史续编》中记载着嘉庆帝对自己读书生活的评价：

> 予六岁入学，习经书，十三岁学诗，十七岁属文，书窗朝夕，行帐寒暑，幸无间断。若今体格，初从学于（谢墉）东墅师傅；古体诗及古文，从石君（朱珪）师傅习焉。予赋性鲁钝，赖二先生切磋琢磨之功，十有余年，略开茅塞……

颙琰在大约六岁的时候，就与其他皇子一起住在毓庆宫，开始了他的读书生活。

毓庆宫位于内廷东路奉先殿与斋宫之间，始建于康熙十八年（1679），当时为皇太子允礽所特建，后作为皇子居所。它是一组由长方形院落组成的建筑群，前后共有三进院子。第一进院落的正殿，名为"惇本殿"，东西配殿各三间。第二层院子正殿即"毓庆宫"。后殿室内明间悬匾曰"继德堂"，西次间为毓庆宫之藏书室，嘉庆帝赐名"宛委别藏"。东耳房内悬嘉庆帝御笔匾曰"味余书室"，其东侧围房内"知不足斋"匾亦为嘉庆帝御笔。最后一进院内有后罩房。其中，味余书室就是嘉庆帝少年时读书的书房。在给书房起名时，朱珪对颙琰是这样解释的：

> 勤学者有余，怠者不足，有余可味也，可名之曰"味余书室"。

因此，他对嘉庆帝的性格和思想影响也是最大的。

"嘉庆御笔之宝"印及印文

海滋游藝詩林期正大樞
機卷放縶深思
嘉慶丁巳仲冬月上澣
御題

味餘書室詩文選原序
詩為心聲文為行輔古人學文著集浩如淵
海子六歲入學習經書十三學詩十七屬文
書窗朝夕行帳寒暑無間斷若今體格律
初從學於東墅師傅古體詩及古文從石君
師傅習焉子賦性魯鈍頓二先生切磋琢磨
之功十有餘年暑開茅塞自丙申訖癸卯為
文八十餘篇自壬辰訖癸卯為詩二千八百
餘首如

《味余书室全集·序》

034

《味余书室记》册　为了追念读书生活，嘉庆帝即位后，特命将记述味余书室的章制成玉册，以示味余书室在自己生活中的重要位置

　　朱珪（1731—1807），字石君，号南崖，晚年号称盘陀老人。嘉庆帝颙琰习惯称他为"石君先生"。朱珪小时候曾受教于大学士朱轼，"八岁即操觚为文，文体倔聱苍古"。十九岁为进士，三年后入翰林院，任七品编修。后多年担任地方官员，历任福建粮驿道、福建按察使、湖北按察使、山西布政使等，为官清正，颇受好评。乾隆帝对于朱珪的学问、品行、气质颇为欣赏，因此对他的评价是："朱珪不惟文好，品亦端方。"乾

嘉庆帝恩师朱珪画像

隆四十年（1775）五月，被授予侍讲学士，在上书房教授颙琰学业和品质。乾隆四十四年（1779），朱珪奉命去福建督办乡试，并办学政。临行时，其赠颙琰五箴：曰"养心"、曰"敬身"、曰"勤业"、曰"虚己"、曰"致诚"，希望以此作为颙琰求学、做人的座右铭。

在之后的二十年时间内，朱珪与颙琰之间的师生生活，断断续续有十年光景。因为两人相处时间比较长，他们之间的关系不仅默契和谐，而且还能自由平等地发表各自的见解，气氛尤其温馨，令人回味留恋。因此，每次朱珪奉命外调离开京城，颙琰都是依依不舍，非常想念、牵挂。

朱珪年长颙琰三十岁，不仅学识渊博，生活阅历也丰富，因曾担任过很多地方职务，接触过各式各样的人物，对各地的风土人情也比较熟悉。因此，他常常将这些自己知道的地方趣闻和地理万象讲给颙琰听，颙琰对此非常感兴趣。朱珪告诉颙琰学习要刻苦，也要循序渐进，更重要的是做人的品质：为人克己、谦虚，戒除浮躁，仁爱高尚。

嘉庆元年（1796），乾隆帝想重用朱珪，曾遭到把持朝政的和珅反对，没有提拔。对此，《清史稿·朱珪传》上有这样的记载：

> 珪初以文学受知，洎出任疆寄，负时望，将大用。和珅忌之，授受礼成，珪进颂册，因加指摘。高宗曰："陈善纳诲，师傅之职宜尔，非汝所知也。"

后来，太上皇帝乾隆帝准备召两广总督朱珪入京，授给他内阁大学士职务，嘉庆帝知道后，特别高兴，写诗表示祝贺。这件事情被和珅知道了，怀恨至极，不但将此事告诉了乾隆帝，还话中带刺地说道："嗣皇帝要向师傅售恩。"乾隆帝就怕涉及皇权使用问题，听和珅这么一说，立刻震怒，问军机大臣董诰此事应如何处理："你在军机和刑部时间很久，这种事，应判什么罪？"董诰反应十分迅速，冷静回答道："圣主无过言。"乾隆帝虽然没有治罪朱珪，但却收回了任命朱珪的诏书，并在日后将朱珪降为安徽巡抚，不得入京。

嘉庆帝御笔《丕基慎始》这四个字的意思是，继承宏伟的基业进行统治之始，应该谨慎从事

嘉庆四年（1799），乾隆帝刚死，嘉庆帝就立刻召请朱珪回京协助自己处理朝政。嘉庆十一年（1806）十二月初五日，当七十六岁的朱珪病死时，嘉庆帝不仅亲自哭灵，还特意昭示天下，给予了恩师朱珪极高的评价：

　　珪自为师傅，凡所陈说，无非唐、虞、三代之言，稍涉时趋者不出诸口，启沃至多。揆诸谥法，足当"正"字而无愧，特谥"文正"。

嘉庆帝与朱珪这非同一般的关系，可以说是在味余书室里读书培养出来的，而嘉庆帝继承大统的优势，也是在读书期间奠定的。对于乾隆帝的第十五个皇子颙琰来说，他之所以能当上皇帝，这既是命运的安排，也是他自己努力的结果。人生的命运，往往掌握在自己手中。纵然人生无常，但命运的机会往往还是垂青那些勤奋好学、严于律己的人。

二、"成功"是这样炼成的

虽然嘉庆帝的皇太子身份是乾隆六十年（1795）九月初三日正式公布的，但他的皇太子身份早在乾隆三十八年（1773）十一月初八日就已经确定下来。当时嘉庆帝只有十四岁，他的名字就被乾隆帝亲书并藏于乾清宫"正大光明"匾之后，成了正式的秘立储君。

嘉庆帝能成为储君，并最终当上皇帝，在当时来说，多少还是有些出乎人们意料的。因为在人们的眼中，他始终是一个不显眼的皇子，无论其生母地位还是在众兄弟之间的排行，怎么看似乎皇位都与他无缘。而且，他在当皇子的三十多年时间里，不仅没有什么军功、政绩，就是连陪伴乾隆帝外出巡视的次数都很少，就这样一个普通平凡的皇子，他是如何走入乾隆帝视野并最终成为储君的呢？

原来，虽然清朝皇帝即位没有实施嫡长继承制，但这是由各种各样的因素引起的，不是清朝皇帝不想按照这个制度安排皇位，而是因为清朝在能保障皇帝素质和质量的基本原则上有自己的规矩。在这个

基本原则上，清朝也曾多次
试图按照嫡长继承制选择储
君。如果按照嫡长继承制，
嘉庆帝不具备"子以母贵"
的优势。因为他的生母去世
时还只是皇贵妃的身份，只
是后来因"母以子贵"才被
追封为皇后的，嘉庆帝生母
即生前没有当过一天皇后的
孝仪纯皇后。

　　现在，我们先看一下孝
仪纯皇后的生平简介。

嘉庆帝生母孝仪纯皇后（画此像的时候，还是
令妃）

孝仪纯皇后谥册

孝仪纯皇后（1727—1775），魏佳氏，生于雍正五年（1727）九月初九日，比乾隆帝小十六岁，内管领清泰之女，江苏人。魏佳氏本姓魏，后由正黄旗汉军抬入镶黄旗满洲，改姓"魏佳"。乾隆十年（1745）入宫，封为魏贵人，同年十一月十七日册封为令嫔，乾隆十四年（1749）四月初五日册封为令妃。乾隆二十一年（1756）七月十五日，三十岁的魏佳氏生下第一个孩子，即皇七女；乾隆二十二年（1757）七月十七日生皇十四子永璐（早殇）；乾隆二十三年（1758）七月十四日，生皇九女；乾隆二十四年（1759）十二月十八日，被册封为令贵妃；乾隆二十五年（1760）十月初六日生皇十五子颙琰，即后来的嘉庆帝；乾隆二十七年（1762）十一月三十日生皇十六子（四岁殇，未命名）。乾隆三十年（1765）初，皇后那拉氏被收回四份册宝仅存其皇后名号之后，同年六月十一日，魏佳氏被册封为令皇贵妃，成为后宫中事实上名分最高的后妃。乾隆三十一年（1766）五月十一日，已经四十岁的魏佳氏生皇十七子永璘。乾隆四十年（1775）正月二十九日，因病死去，享年四十九岁。死后，其金棺初停在吉安所，二月初五日移到静安庄殡宫，二月十一日册谥为令懿皇贵妃，同年十月二十六日辰时，葬入裕陵地宫。乾隆六十年（1795）九月初三日，乾隆帝宣示其儿子颙琰为皇太子，同时追封其母令懿皇贵妃为皇后。经嘉庆、道光两朝加谥，谥号全称为"孝仪恭顺康裕慈仁端恪敏哲翼天毓圣纯皇后"，简称"孝仪纯皇后"。

由上述简介中可以看出，乾隆二十一年到乾隆三十一年期间，魏佳氏是很受皇帝宠爱的，因此她在十年里生育了六个子女。其在宫中的身份地位，也由令妃升为令皇贵妃。虽然与皇后的级别差一级，但毕竟还不是皇后。即使在乾隆三十八年其儿子颙琰被秘密立为了储君，她也没有在生前达到皇后的身份地位。

也许有人说，她没有被立为皇后的原因，是乾隆帝怕她的身份地位升高而过早暴露其儿子为储君。其实，这种说法是不对的。乾隆帝之所以在那拉皇后之后不再册立新皇后，他的解释为：

朕春秋六十有八，岂有复册中宫之理？况现在妃嫔中，既无克当斯位之人，若别为当选立，则在朝满洲大臣及蒙古扎萨克诸王公皆朕儿孙辈行，其女更属卑幼。岂可与朕相匹而膺尊号乎？

乾隆帝的意思是说，他不立皇后，有三点原因：一是他岁数已经比较大了，没有必要再立皇后；二是现有的妃嫔，没有能符合当皇后资格的人；三是新选皇后的话，因为她们辈分与自己相比都太小了，不配有这么高的封号与自己地位匹配。其实，乾隆帝不新册立皇后并不出奇，因为之前就是有惯例的，雍正帝在孝敬宪皇后去世后，未再立皇后，而康熙帝在第三位皇后——孝懿仁皇后于康熙二十八年（1689）七月去世后，在长达三十三年的岁月里也未再册立皇后。当然，这并不排除乾隆帝想等公布皇太子时再册立其为皇后的可能。还有，嘉庆帝年幼时由乾隆帝的庆妃陆氏抚养，而庆妃也只是一名普通的妃子，虽然后来被嘉庆帝追封为庆恭皇贵妃，但那也是因为有养母这层关系。

由此可见，嘉庆帝之所以当上皇帝，其生母的地位并没有给他

带来有利的条件。而带给他对皇位有实质性优势的，则是他的皇兄皇弟们。

乾隆帝共有十七个皇子，即皇长子永璜、皇二子永琏（早殇）、皇三子永璋、皇四子永珹、皇五子永琪、皇六子永瑢、皇七子永琮、皇八子永璇、皇九子（早殇）、皇十子（早殇）、皇十一子永瑆、皇十二子永璂、皇十三子永璟（三岁死）、皇十四子永璐（四岁死）、皇十五子颙琰、皇十六子（早殇）、皇十七子永璘。但老天不知道怎么的，那些具有高贵地位的皇子们，大多数都命运不济，不是夭折就是早逝，岁数小的几个月就死了，大的也只有二十多岁。而这些皇子中，能入乾隆帝法眼的人更是寥寥无几。下面就来看看作为皇帝的乾隆帝，在历史上是怎么对待立储君问题的。

原来，虽然乾隆帝也有立嫡的想法，且观念甚强，但最终架不住老天不给乾隆帝面子，致使乾隆帝的数次立储行动均先后失败。

在乾隆帝正式确定皇十五子颙琰为储君之前，曾有过一次正式建储，即端慧皇太子永琏。另有三位作为预备人选考虑，即皇三子永璋、皇五子永琪和皇七子永琮。

永琏，乾隆帝皇二子、嫡长子，生于雍正八年（1730）六月二十六日，生母为当时的嫡福晋、其后的孝贤纯皇后富察氏。"永琏"这名字，是雍正帝亲自命名。"琏"者，宗庙之器也，古代祭祀时盛黍稷的尊贵器皿，夏朝叫"瑚"，商朝叫"琏"。在当时来说，这显然有暗寓其承继宗庙之意。

乾隆元年（1736）七月初二日，乾隆帝遵循雍正帝所创密储制，将年仅七岁的嫡长子永琏内定为储君，亲书其名，令总理事务王大臣监督总管太监，将储君诏书收藏于乾清宫"正大光明"匾额后，于是，第二年（1737）四月的朝鲜官方史书上就出现了这样的记载：

> 清主即位，初如雍正故事，召九卿等谕以早建之意，亲书密旨，藏于乾清宫，不许宣布中外。

也许是福重命薄，永琏有幸遇到却无缘享受这份帝王福气。乾隆三年（1738）十月十二日，年仅九岁的永琏因"偶感风寒"病死。乾隆帝悲痛之余，并没有忘记发布上谕，将第一次内定的储君公开：

> 永琏乃皇后所生，朕之嫡子，聪明贵重，气宇不凡。皇考命名，隐示承宗器之意。朕御极后，恪守成式，亲书密旨，召诸大臣藏于乾清宫"正大光明"匾后，是虽未册立，已命为皇太子矣。今既薨逝，一切典礼用皇太子仪注行。

于是，乾隆帝正式册封永琏为皇太子，赐谥号为"端慧"。之后的乾隆八年（1743），乾隆帝在自己东陵陵寝西侧的朱华山南麓，单独营建了端慧皇太子园寝。

虽然乾隆帝首立嫡子已死，但这并没有动摇他立嫡子为储君的决心。乾隆帝等待时机，希望他的立嫡愿望能实现。也许是皇天不负有心人，乾隆十一年（1746）四月初八日，三十五岁的孝贤纯皇后再次生下一子，即皇七子永琮。

端慧皇太子园寝端慧皇太子墓穴

　　永琮出生的这一天，正是佛诞日，且当天正逢久旱之后大雨降临，乾隆帝大喜过望，挥笔写下了《浴佛日复雨因题》诗句，以此庆贺爱子的诞生：

九龙喷水梵函传，疑似今思信有焉。

已看黍田沾沃若，更欣椒壁庆居然。

人情静验咸和豫，天意钦承倍惕乾。

额手但知丰是瑞，颐祈岁岁结为缘。

并亲自起名为"永琮"。"琮"是祭祀时候用的玉杯，且"琮"字有秉承宗业的意思，和永琏一样，所寓含的继位之意也是很显然的。为皇七子命名永琮后不久，乾隆帝发现宗室中也有永字辈名叫"永琮"的，便立即令其改名，连改的名字都给想好了，命令那个孩子改叫"永瑺"。按照惯例，皇子适龄后才命名，因此，有的皇子都好几岁了才取名。可是皇七子刚出世不久，乾隆帝就迫不及待给起了名字。可见永琮的到来，给乾隆帝带来了莫大的欢喜，于是，乾隆帝的嫡子储君希望降临到了永琮身上，"拟书名缄贮，继念其年尚幼稚而未果"。

然而，令人想不到的是，永琮比他哥哥还要命短，只活了一年八个月，于乾隆十二年（1747）十二月三十日即除夕夜里，因出痘死去。永琮的死，对乾隆帝打击很大，在悲痛之中，乾隆帝发布上谕表示对幼子早逝的怀念：

> 皇七子永琮，毓粹中宫。性成凤慧，甫及两周，岐嶷表异。圣母皇太后因其出自正嫡，聪颖殊常，钟爱最笃。朕亦深望教养成立，可属承桃。今不意以出痘蒙逝，深为轸悼！建储之意，虽朕衷默定，而未似端慧皇太子之书旨封贮，又尚在襁褓，非其兄可比。且中宫所出，于古亦无遭殇追赠，概称储贰之礼。但念皇后名门淑质，在皇考时，虽未得久承孝养，而十余年来，侍奉皇太后，承欢致孝，备极恭顺。作配朕躬，恭俭宽仁，可称贤后。乃诞育佳儿再遭天折，殊难为怀。皇七子丧仪应视皇子从优。著该衙门遵旨办理，送入朱华山园寝。复念朕即位以来，敬天勤民，心殷继述，未敢稍有得罪天地祖宗。而嫡嗣再殇，推求其故，得非本朝自世祖章皇帝以至朕躬，皆未有以元后正嫡，绍承大统者，岂心有所不愿，亦遭遇使然耳。似此竟成家法，乃朕立意私庆，

必欲以嫡子承统，行先人所未曾行之事，邀先人所不能获之福。此乃朕过耶。此朕悲悼之余，寻思所及，一并谕王大臣等知之。

永琮死后的乾隆十三年（1748）三月十一日，孝贤纯皇后富察氏也死去，至此，乾隆帝立嫡子为储君的想法是彻底破灭了。既然不能立嫡为储君，按理说也应该立长为储君。其实，这想法乾隆帝也是存在的，并且还曾有意过皇三子永璋和皇五子永琪。

皇三子永璋，雍正十三年（1735）五月二十五日生，死于乾隆二十五年（1760）七月十六日。母为弘历侧福晋，即后来的纯惠皇贵妃苏佳氏。

端慧皇太子永琏（皇二子）死之后，皇七子永琮之前，乾隆帝曾一度对皇三子永璋感兴趣，认为其"尚有可望"。只不过皇七子永琮出生后，将其取代。皇七子永琮死后，永琮的生母孝贤纯皇后也于乾隆十三年（1748）三月因病死在乾隆帝东巡途中的德州。十四岁的皇三子永璋对于嫡母的死亡却没有表现出悲哀之情，乾隆帝对此大为生气。而这时候，已经二十一岁的皇长子永璜利用大阿哥的身份，对储位虎视眈眈，心生邪念。乾隆帝发现后，对此种情况给予了严厉的打击，并于乾隆十三年（1748）六月二十一日，乾隆帝给诸王满洲大臣发布谕旨时透露出了此二人绝对不可以继承大统的意思。

从前以大阿哥（永璜）断不可立之处，朕已洞鉴，屡降旨于讷亲、傅恒矣。至三阿哥（永璋），朕先以为尚有可望，亦曾降旨于讷亲等。今看三阿哥亦不满人意，年已十四岁全无知识。此次皇后之事，伊于人子之道毫不能尽，若谓伊年齿尚幼，皇祖大事之时，朕甫十二岁，朕如何克尽孝道之处，朕之诸叔及大臣、内旧人，皆所亲见，亦曾如伊等今日乎？朕并非责备伊等，伊等俱系朕所生之子，似此不识大体，朕但深引愧而已，尚有何说，此二人断不可承继大统。朕降此旨，并非遇事恐吓伊等，日后将复游移，试思太庙祝版，以"孝"字冠首，朕已谓伊等为不孝。夫不孝之人，岂可以承大统，此二人断不能继之处。

正是由于乾隆帝的严厉斥责，本就体质虚弱且又敏感的皇长子永璜整日惶恐不安，于乾隆十五年（1750）三月十五日申时病死。对此，乾隆帝表现出了既痛惜又内疚的复杂心情：

且皇长子幼而质弱，朕加恩顾复，念其未能承受厚福，原非端慧皇太子（永琏）、悼敏皇子（永琮）望其可属承桃者比，虽父子至情，实不能忍，而轻重所系，朕岂不知。

乾隆帝追封永璜为定亲王，赐谥号"安"。

后来，乾隆帝所属意第三位储君者是皇五子永琪。

皇五子永琪，乾隆六年（1741）二月初七日丑时生，母为愉贵妃珂里叶特氏；乾隆三十年（1765）十一月二十一日，封和硕荣亲王；乾隆三十一年（1766）三月初八日，病死，年仅二十六岁。对此，乾隆四十八年（1783）九月三十日，乾隆帝在一道谕旨中说：

嗣后皇七子、亦孝贤皇后所生。秉质纯粹。深惬朕心。惜不久亦即悼殇。其时（指永琮死后）朕视皇五子于诸子中觉贵重，且汉文、满洲、蒙古语、马步射及算法等事并皆娴习，颇属意于彼而未明言，乃复因病旋逝。

既然乾隆帝比较看重的皇子纷纷早亡，那么"矮子里拔将军"总是还有必要的。乾隆三十八年（1773）冬，乾隆帝已经是六十三岁的老人了，这时候的他经过多年和数次仔细考察，不得不下定决心确定储君，以防自己突遇不测。于是，年仅十四岁的皇十五子颙琰成为秘密储君，此次立储，距离皇五子永琪之死，已经过去将近八年时间了。但即使如此，乾隆帝并没有将此事公布于众，直到五年之后的一个偶然事件，他秘密立储之事才被迫公开于世。

那是乾隆四十三年（1778）九月，当乾隆帝第三次赴盛京谒陵回来途中，锦县生员（生员，相当于秀才）金从善认为乾隆帝长时间不立储君，是非正常君主所等死的做法，于是上书乾隆帝，建议乾隆帝"建储立后，纳谏施德"。乾隆帝发现自己立储君问题已经在臣民中有不良的影响，于是在二十一日这天发布一道谕旨，将已立储君之事向天下公布：

（朕）曾于乾隆三十八年冬，手书应立皇子之名，密缄而识藏之。并以其事谕知军机大臣，特未明示以所定何人。而是年冬至南郊大祀，命诸皇子侍仪观礼。因以书立皇子之名，默祷上帝，如其人贤，能承国家洪业，则祈佑以有成，若其不贤，亦愿潜夺其算，毋使他日贻误，予亦得以另择元良。朕非不爱己子也，然以宗社大计，不得不如此。惟愿为天下得人，以继祖宗亿万年无疆之绪，此意昊苍实式凭之。

与此同时，乾隆帝还宣布：

昔皇祖御极六十一年，予不敢相比。若邀穹苍眷佑，至乾隆六十年乙卯，予寿跻八十有五，即当传位皇子，归政退闲。

乾隆帝立储君时间虽然很漫长，但总的来说很顺利，而且在此期间，皇帝与储君之间均安然相处。且正式宣布储君名单与储君即位，其间仅有四个月的公开皇储关系。乾隆帝的其他皇子成为储君的希望已经都化为乌有。乾隆帝的十五皇子颙琰在众多兄弟中脱颖而出，成为新储君胜利者。

新储君正式确立后，乾隆朝的立储君就宣告结束。历史也开始进入新纪元——嘉庆朝。

三、遇刺与"进贼"

颙琰虽然顺利即位成为清朝历史上的第七位皇帝——嘉庆帝，且在嘉庆四年（1799）乾隆帝死后立即亲政，但他所接手的乾隆帝"遗产"，除了至高无上的皇权之外，还面临着国家的兵事和吏治。因此，嘉庆帝对刚即位时发生的白莲教等起义加强军事打击的同时，也加强

整饬内政和强化思想上的认识。

"冰冻三尺，非一日之寒。"这句话对于嘉庆朝的日渐衰败的国政来说，再恰当不过了。在亲政初期，嘉庆帝铲除了乾隆朝遗留下来的大贪官和珅，还进行了非常必要的新朝新政的改革，且为了纠正上梁不正下梁歪，制止官场上的歪风邪气，嘉庆帝身先士卒，以身作则，专门发表了一篇以《经筵御论·为政以德》为题的施政评论性文章，在文章中讲述了为人要表里如一、言行一致，为君者要起到表率作用。这篇被收录到《清仁宗御制文初集》中的文章是这样说的：

> 人君为政之大纲，莫先于修德。德者得也，平时克谨常宪，渐仁摩义，动静皆循礼法，则临民莅政各得其真情实事，风化可臻淳朴矣。若言不由衷，行非身体，或用权术智巧，或自作聪明，徒文具而无恻怛之实，皆不能感动人心，风俗日趋偷薄矣。君心正，天下莫不归于正，诚为治本道德、齐礼化民之要。以一人之心，德感天下人之心，可期兴起孚应，鲜有犯法之民，则政简刑清，庶几无为而治。

嘉庆帝的这些思想奠定基础，主要来自他皇子时期的味余书室生活，而这些又主要得益于他的恩师朱珪。因此，嘉庆帝亲政当日，就立刻召朱珪进京任职。而朱珪接到谕旨后来北京的路上，就给嘉庆帝提出了自己的为君思想建议：

> 君心正而四维张，朝廷清而九牧肃。身先节俭，崇奖清廉，

自然盗贼不足平，财用不足阜。惟愿皇上无忘尧、舜自任之心，臣敢不勉行义事君之道。

看到朱珪的建议与自己的想法不谋而合，嘉庆帝自然是特别高兴，立刻将自己的想法付诸行动：禁呈宝物，崇俭黜奢；勤政戒惰，提倡实政等。

在革新吏治的同时，嘉庆帝通过军事打击和怀柔攻心等两种方略政策共举方式，对历时九年、遍及五省的白莲教起义，于嘉庆九年（1804）九月初五日将其绞杀平灭了。这次起义对清朝统治影响重大，消耗数亿两白银，大大削弱了国家发展实力，嘉庆帝痛定思痛之下，从中得出"官逼民反"本质性的结论，于是作诗《知过堂自责》检讨道：

圣人无过额知过，予过诚多愧寸心。

政教不能化民俗，立纲犹未肃官箴。

言多迎合身家重，事总因循习染深。

克己省愆惟自责，形端表正勉君临。

虽然嘉庆帝认识到并竭尽全力克服政治和社会弊病，但由于历史原因，国家依旧积蓄着诸多难以回避的社会和民族矛盾，大清帝国的国运规律性地滑向衰败。于是，在嘉庆朝不可避免地发生了大清国唯一的两件震惊朝野的事件：嘉庆帝遇刺和皇宫遭攻击。

嘉庆帝遇刺事件发生在嘉庆八年（1803）。

嘉庆朝绘制的《镇压白莲教起义布防图》

　　嘉庆八年（1803）闰二月二十日，嘉庆帝谒东陵归来，正打算进入皇宫。进入神武门后，要进顺贞门的时候，震惊朝野的陈德行刺案件发生了。

　　当时，民人陈德带着年仅十五岁的长子陈禄儿躲藏在顺贞门外的西厢房南山墙后，等待嘉庆帝的到来。嘉庆帝要进入顺贞门时，陈德突然窜出来，手持小尖刀，冲向嘉庆帝的轿舆。但他的动作慢了一些，等他来到顺贞门外的时候，嘉庆帝乘坐的轿子已经进入了顺贞门。嘉庆帝本人并没有看见当时事发的现场情景，只是听到门外惊呼喧杂，派人出来打探才知道有人行刺。嘉庆帝震惊之余，令他更为震怒的事情却是自己的那些护卫当时的表现，当时现场一百多个侍护军，居然被当时情景吓呆住，一时之间不知所措，袖手旁观而无人阻挡陈德逆行。但也有令嘉庆帝满意的地方，当那些守卫呆若木鸡的时候，嘉庆帝的御前大臣、定亲王绵恩，固伦额附、喀尔喀亲王拉旺多尔济，乾清门侍卫、喀喇沁公丹巴多尔济，御前侍卫扎克塔尔、珠尔杭阿、桑吉斯塔尔等六人保持镇定，迅速扑向前去，将陈德拦住，与其搏斗在一起，其他护卫也逐渐头脑清醒过来，把陈德团团围住。虽然绵恩的袍袖被刺破、丹巴多尔济被刺伤，但最终将陈德擒拿住。陈德的长子陈禄儿，不知所措，趁着混乱哭着逃走，事后也被抓捕。

顺贞门

陈德何许人也？为什么要行刺嘉庆帝呢？其行为是属于个人行为，还是有计划、有组织的预谋呢？对于这一刑事政治事件，历史是这样记载的：

陈德，父亲陈良，母亲曹氏，都曾经在镶黄旗人、山东青州府海

防同知松年家为家奴。松年死后，已十四岁的陈德开始跟随父母在青州、济南、章丘等地打工。陈德二十三岁的时候与张氏结婚。后来，他的父母相继死去，因无法在山东谋生，遂携带岳母和妻子到北京投靠外甥、内务府正白旗护军姜六格，先后在侍卫宗室僧额布家、兵部笔帖式庆臣家、内务府造办处笔帖式于家等处打工。

乾隆六十年（1795）至嘉庆二年（1797），陈德曾跟随镶黄旗包衣达常索在内务府工作，因曾帮助嘉庆帝諴贵妃刘佳氏办理过跑腿杂事，因此熟悉紫禁城、圆明园等路线及护卫情况。之后，他还在孟明家当过厨师。妻子因病死后，岳母瘫痪，堂姊姜陈氏也病死，两个儿子禄儿、对儿还都年幼，由于对生活失去了信心和希望，加上心中气恼，陈德遂经常喝酒、唱歌哭笑。不久，陈德被解雇，失去了生活来源。这雪上加霜的打击，无疑对陈德产生了极大的精神刺激，将其逼到了生活绝境。他"近几年来，时常胡思乱想"，五次求签都说是吉祥卦；两次做梦，也都梦见自己有"朝廷福分"，但现实生活中，他已经感到了"实在穷苦难过，要寻死路"，而他心里又总是觉得极大的冤枉委屈，于是就产生了"又想自寻短见，无人知道，岂不妄自死了"的念头。因此，他开始有了报复社会的过激思想，并把对社会、对统治者的仇恨和愤怒对准了嘉庆帝。

闰二月十六日，陈德看到大街上黄土铺道，且听说这是因为嘉庆帝将在二十日进宫，于是故意惊吓皇帝的念头顿生，心想："犯了惊驾之罪，必将我乱刀剁死，图个爽快，也死了明白。"陈德基本达到了死在官府手里的目的，但是他想不到的是，他的两个未成年的儿子受到了牵连，与他一起命丧官府。至于陈德的行为是"起意惊驾"还是"蓄谋行刺"，虽然军机大臣和刑部对陈德日夜严刑拷打，诸多刑具手段尽施，"拧耳跪炼""掌嘴板责""刑夹押棍"，但陈德"所供情节，出乎意料"，始终不承认有同谋和背后指使者。

二十四日即案发的四天后，陈德被凌迟处死。凌迟，是古代最残酷的一种死刑，先将犯人的胳膊和大腿一块块剐下，然后再割断咽喉。为了斩草除根，同日，陈德的两个儿子，十五岁的大儿子陈禄儿和十三岁的小儿子陈对儿也被绞刑处死。

事后，嘉庆帝对护驾有功人员进行了奖励，并对防范措施和制度进行了一些修改。陈德事件虽是个案，却反映出了嘉庆朝所面临的社会中剥削与被剥削、吏治与民生之间的矛盾问题，这种国家性质下的社会危机，在没有根治和根除的情况下，必然会由社会个案引发成群体性反抗行为。

固有的阶级矛盾、高压政策下掩盖着的社会矛盾，在潜伏十年后，一场新的政治风暴在酝酿中终于爆发了，于是在嘉庆帝的紫禁城内发生了天理教攻击事件。

天理教，原名"荣华会"或"龙华会"，属于白莲教的一个支派。教义与白莲教基本相同，也信奉"三际说"，以"真空家乡，无生父母"为八字真言。其大概意思是说，通过造一个"无生无灭"、法力无边的"无生父母"，作为超度人间苦难的"救星"，使得那些备受苦难的贫困百姓，得以登上"真空家乡"的天堂，在"极乐国"里共同享受"荣华"。天理教的这种宣传思想，在信念上给予了那些挣扎在死亡线上的人们以生存的希望，获得贫苦人们的信任和支持。因此，其教众发展很快，势力扩大到河北、河南、山东、山西等地。

林清画像

嘉庆十三年（1808），顺天府大兴县宋家庄的林清控制该教势力后，将荣华会改名"天理教"。

当时，天理教的首领，还有李文成、冯克善、牛亮臣、刘国明等。按照"八卦九宫，林、李共管"模式，建立了天理教的最高领导层，林清为"天皇"、冯克善为"地皇"、李文成为"人皇"。而且还勾画出了宏伟的蓝图，"约分土地，清取直隶，李得河南，冯割山东"。

为了使这次起义获得更多民众的支持和同情，他们统一思想和认识后，决定利用"彗星出西北方"这一天象，广泛宣传"星射紫薇垣，主兵象"的舆论，其中，宛平、大兴等县一带还流传"若要白面贱，除非林清坐了殿"的民谣。为了能顺利攻入皇宫，林清等人还秘密结交了宫中的太监。而且，李文成认为"酉之年、戌之月、寅之日、午之时"是千载难逢的好时辰，遂在嘉庆十七年（1812）正月召开的滑县道口镇会议上，正式决定嘉庆十八年（1813）九月十五日午时起义。同年十二月，李文成亲赴大兴县黄村，与林清约定起义事项：李文成在河南滑县发动起义，林清在北京城内发动起义。届时，李文成派人支持林清。就这样，河南滑县与北京两地的起义者们，都在秘密情况下进行着，而嘉庆帝还不知道即将到来的起义风暴，依旧按部就班地工作和生活。

嘉庆十八年（1813）七月十八日，按照惯例，嘉庆帝第六次秋狝木兰，并计划拜谒东陵。这次出行时，嘉庆帝令皇二子旻宁、皇三子绵恺在八月上旬前往热河陪伴狩猎；令仪亲王永璇、大学士勒保、协办大学士兼吏部尚书邹炳泰、兵部尚书福庆留守北京。嘉庆帝一离开北京城，京师守卫的警惕性就松懈了下来，而这正好为林清教众进攻紫禁城提供了良好的时机。

人算不如天算。在等待过程中，事情发生了意外变化。当时处在河南滑县的天理教方面发生了意外情况。天理教教徒们在深山打造武器时，被县府衙察觉，九月初二日，知县强克捷派人将李文成、牛亮臣拘捕，严刑拷打，因均不老实招供，准备将他们解送到省府砍头。这一突发事件的出现，打乱了天理教原定的起义计划。天理教的其他首领黄兴宰、黄兴相、宋元成等人商议，决定提前发动起义。九月初七，他们率领三千教众，攻入县城，杀死了知县强克捷，救出了李文成等人。之后，直隶、山东等地教众也同时纷纷起义造反，杀官围城，一时之间声势显赫。

当时，嘉庆帝正在木兰围场进行秋狝。虽然当初计划进行十三场狩猎活动，但是由于持续下雨，致使河水暴涨、道路泥泞，人马行走非常困难，行围活动受到了很大的影响。嘉庆帝不得不临时决定，停止狩猎活动，令皇二子旻宁等人先行回京，自己则从避暑山庄回京。在回归途中，嘉庆帝接到了直隶总督温承惠的报告，得知滑县天理教造反，立刻下令对叛民进行围堵剿灭，并严密控制事态发展、封锁消息。

嘉庆帝这一系列打击行动，使得滑县天理教的北上支援林清计划落空。在北京的林清对滑县提前暴动之事，竟然一无所知，还在按

照原计划进行战略战术部署。朝廷内奸正黄旗汉军曹福昌建议，等九月十七日嘉庆帝到白涧行宫，北京留守大臣外出迎接时，乘虚进攻皇宫。但林清对此给予了否定，认为九月十五起义是"天定"的，不能更改，并决定当天派出几百人的队伍攻打皇宫，但作为内应的太监则认为，皇宫内部狭窄，不适合人多，且教众有"神术"保护，攻占皇宫不是问题。于是林清错误判断，既然有熟悉宫廷路径的内应作为向导，只需要二百人就可以了。于是派兵两路：走东华门路线的首领为陈爽、刘呈祥；走西华门路线的首领为陈文魁、刘永泰。太监刘得才、刘金负责接应引导东路；太监张太、高广福负责接应引导西路；太监王得禄、阎进喜居中接应。约定九月十四日，这些攻打皇宫的教众以小贩的身份进入北京城，在菜市口、珠市口、前门、鲜鱼口等处会齐，只等十五日午时进攻皇宫。林清作为总指挥，坐镇黄村，等待滑县的援军。

九月十五日，午时刚过，已潜伏在皇宫附近的天理教教徒们便对皇宫发起了进攻。然而，此时再次发生了意外，进攻东华门的起义者，由于和往宫中送煤的人发生了争执，露出了刀械，过早暴露了身份，很快就被禁军发现，城门被关闭，冲进皇宫的起义者只有几个人，并很快被擒杀；进攻西华门的起义者，冲进去了几十个人，顺着咸安门、武英门、右翼门前进，因路线不熟悉，耽误了时间，还没有进入后宫，隆宗门就被关闭，只能攻打隆宗门。于是，双方的战场主要发生在隆宗门外、苍震门西处之间。

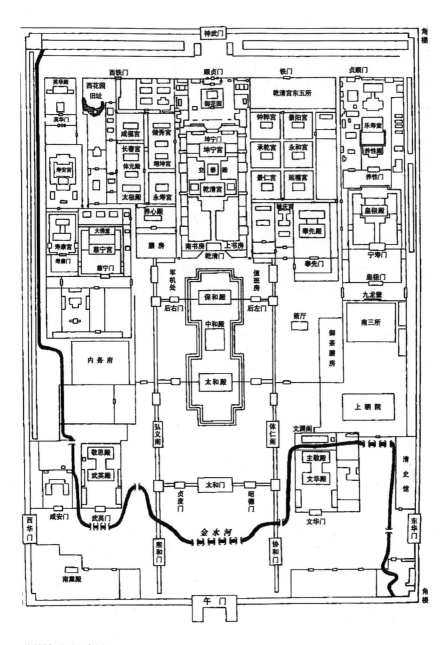

紫禁城平面示意图

隆宗门门匾

当时，嘉庆帝诸皇子正在上书房读书，都很惊慌，皇二子旻宁比较镇定，急忙令人拿来鸟枪和腰刀，并且令太监登墙观察敌情。当发现有起义者登墙冲向养心门时，旻宁连发两枪，击毙两人。贝勒绵志紧随其后，以鸟枪毙敌，使得起义者不敢攀墙进攻。由于进攻受阻，起义者们试图火烧隆宗门，这时候，留守京师的仪亲王永璇、成亲王永瑆、庄亲王绵课、礼亲王昭梿等闻讯，"急率禁兵，自神武门入卫，败贼中正门外"，与其同时，原准备派去镇压滑县李文成的一千多火器营官兵也调入皇宫阻击起义者，这些起义者在武英殿御河处被全歼。经过搜查和审讯，作为内奸的太监，除了一人在战斗中死亡，余者均被拘捕。十七日凌晨，因出现叛徒告密，坐镇黄村宋家庄的林清被以"城中事业有成，奉相公命，延请入朝"而遭到诱捕。至此，天理教进攻皇宫的行动彻底宣告失败。因为嘉庆十八年（1813）是癸酉年，所以，天理教京畿起义事件又称为"癸酉之变"。

其实，癸酉之变的发生和未能及时制止，完全是地方官员和守卫大员的麻痹大意和玩忽职守造成的。在林清等教众举事之前，地方官员和相关大员就已经收到举报，只是由于他们不以为然和官僚主义，致使举发之事被搁置、拖延。

九月十六日，嘉庆帝得知皇宫发生巨变之后，震惊之余，立刻终止去东陵拜谒其父乾隆帝裕陵的计划，改变行程回京，准备亲自审理此案，并且下令继续捕拿漏网者。

九月十七日，嘉庆帝从白涧行宫回到燕郊，深刻反思和检讨了自己，特下诏书《遇变罪己诏》：

朕以凉德，仰承皇考付托，兢兢业业，十有八年，不敢暇豫。即位初，白莲教煽乱四省，黎民遭劫，惨不忍言。命将出师，八年始定。方期与我赤子永乐升平，忽于九月初六日，河南滑县又起天理教匪，由直隶长垣至山东曹县，亟命总督温承惠率兵剿办。然此事究在千里之外，猝于九月十五日变生肘腋，祸起萧墙。天理教匪七十余众，犯禁门，入大内，有执旗上墙三贼，欲入养心门。朕之皇次子亲执鸟枪，连毙二贼；贝勒绵志续击一贼，始行退下。大内平定，实皇次子之力也。隆宗门外诸王大臣，督率鸟枪兵，竭二日一夜之力，剿捕搜挐净尽矣。我大清国一百七十年以来，定鼎燕京，列祖列宗，深仁厚泽，朕虽未仰绍爱民之实政，亦无害民之虐事，突遭此变，实不可解，总缘德凉愆积，唯自责耳。然变起一时，祸积有日，当今大弊，在"因循怠玩"四字，实中外之所同。朕虽再三告诫，舌敝唇焦，奈诸臣未能领会，悠忽为政，以致酿成汉唐宋明未有之事，较之明季梃击一案，何啻倍蓰，思及此，实不忍再言矣。予唯返躬修省，改过正心，上答天慈，下释民怨。诸臣若愿为大清国之忠良，则当赤心为国，竭力尽心，匡朕之咎，移民之俗；若自甘卑鄙，则当挂冠致仕，了此一身，切勿尸禄保位，益增朕罪。笔随泪洒，通谕知之。

《钦定平定教匪纪略》里面不仅收录了剿灭天理教起义的经过，还承认了造成起义的根本原因是贫困，同时也流露出对时政多艰的哀叹

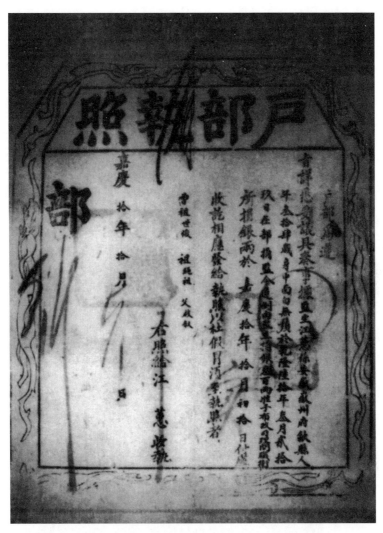

这是嘉庆十年（1805）户部发给江蕙的捐官执照，也就是当时花钱买官的字据

　　虽然嘉庆帝在诏书中说对发生这次事变不明白怎么回事，但他也说出了这次祸乱的根源"变起一时，祸积有日"。事实上也的确如此，嘉庆朝的很多事情并不是在嘉庆时期才有的矛盾，而是清朝入关后日

积月累造成的必然结果，只不过到了嘉庆朝，这种矛盾越发突出和集中。当然，嘉庆朝也是有政治弊端的，正如嘉庆帝自己给出的顽症"当今大弊，在'因循怠玩'四字"。也就是说那些官吏，对上隐瞒、欺骗，对下则压榨残暴，致使朝廷腐败、管理机构烦冗老化，造成百姓不堪重压、生活困苦。嘉庆帝也知道这些腐朽黑暗的社会和政治现象，因此，在罪己诏书中，他再三反复强调，希望并寄托那些王公大臣尽心为国家工作，否则不如辞官回家，空占着官位不干实事。由此可见，这次事件对嘉庆帝的打击是巨大的。

九月十九日，嘉庆帝回到了北京，在瀛台亲审林清等要犯，分别对他们处以极刑，并严厉处罚了一批失职的官员，还补充、修改、完善了一些制度上的改革。

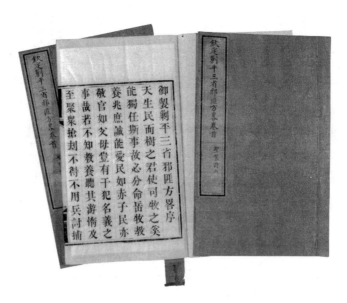

《钦定剿平三省邪匪方略》嘉庆十五年（1810）武英殿刻本

《圣谟定保》册封面　嘉庆帝在平定天理教起义后认为，天理教起义之所以发生，是官吏"因循怠玩"所酿成的，希望内外臣工痛改此四字，任劳任怨，正直办公，实心实政，公而忘私，国家方可大治

嘉庆帝处理北京局势的同时，并没有放松对滑县天理教的绞杀，除了以猛烈的军事打击之外，嘉庆帝再次使用宽松的教化手段收买民心，"两条腿走路"政策的实施，使得天理教孤立无援损失惨重。嘉庆十八年（1813）十二月，天理教领导的起义彻底失败。

嘉庆帝在总结教训之后，再次老话重提，强调"以实心行实政"的政治中心论，只是他的政策大多数情况下是"上有政策、下有对策"曲线执行，致使他的言论政治成为空谈而没有多大的实效。大清国的元气大伤，其衰败之势已成不可逆转的历史潮流，嘉庆帝的"中兴"愿望成为泡影，嘉庆朝也成为清王朝衰败的转折点。

但不管怎么说，天理教起义被平灭之后，嘉庆帝还算是过上了几

年安稳的日子。令人没想到的是，嘉庆帝又开始了数次木兰秋狝之后，竟然意外地猝死在承德的避暑山庄，成为清朝入关后第一位客死北京城外的皇帝，时间是嘉庆二十五年（1820）七月。

第三章

皇陵里的猫腻

　　按理说，封建帝王的陵墓都是自己在生前选定的。可是，嘉庆帝的陵墓没有陪葬在乾隆帝的陵墓附近，而是被他的皇父乾隆帝给指定在了远离东陵的西陵。也正因此，嘉庆帝的陵墓出现了一种看似平常、实则内秀的特殊规制。

一、营建陵寝

　　人既然有生，就会有死，人间万物皆此一理，纵然是那些贵为"天子"的帝王也不例外。嘉庆帝长期的读书生活，使得他更懂得这些简单明了的自然规律。因此，他即位之初，他的陵墓营建计划也就开始了操作。

　　嘉庆帝的陵寝选在了西陵境内，而且还是他的皇父乾隆帝亲自指定的地点和位置。这是清朝陵寝史上唯一一个特例：父亲给儿子确定陵址。为什么这么说呢？

清西陵地图

　　原来，当雍正帝将自己的陵寝建在河北易县永宁山下之后，清朝在关内就出现了两处皇家陵寝园地：东陵和西陵。作为雍正帝儿子的乾隆帝这时候就想到了：如果自己追随父母葬在了西陵境内，那么是否自己的子孙也会效仿都葬在自己身边呢？如果是这样的话，河北遵化昌瑞山下的东陵祖陵，就会被日渐冷落，而造成那里的祭祀烟火日趋稀少，遗忘了祖上。因此，乾隆帝决定做出割舍，把自己陵寝建在了远离父母西陵的东陵，而且还在禅位之后，将已经是嗣皇帝的嘉庆帝陵寝位置选在了西陵太平峪。并且还规定：日后皇帝陵寝不能父子葬在同一地点，只能分开葬在东西陵区两个地方。对于自己的陵寝选址，嘉庆帝也承认是乾隆帝选定的：

易州太平峪，系皇考赐朕之吉地。

据查，嘉庆帝的陵寝昌陵位于泰陵西侧的太平峪，始建于嘉庆四年（1799）二月十九日，主体工程于嘉庆八年夏季完工，估计是嘉庆十四年（1809）之后全工告竣（但这不包括圣德神功碑亭的建筑），具体完工时间不详。

对于嘉庆帝陵寝的始建时间，有人说是嘉庆元年（1796），完工于嘉庆八年（1803）。这种说法的根据是，乾隆帝于嘉庆元年（1796）十二月二十二日发布的一道谕旨：

嗣皇帝万年吉地自应于西陵界内卜择，著各衙门即遵照此旨在泰陵附近地方敬谨选建。

另外，还有人根据嘉庆帝于嘉庆八年（1803）的一首怀念孝淑皇后御

制诗的诗注"易州太平峪为皇考所赐万年吉地，于嘉庆元年兴工葺治"认同以上观点。其实，这种说法是错误的。其理由如下：

首先，乾隆帝发布这道谕旨的时候，已经是嘉庆元年（1796）的年底了，谕旨上只是说要求相关部门在西陵境内勘选嘉庆帝陵墓陵址，并没有说已经选好了。

其次，现存档案也说明嘉庆元年（1796）没有动工。

嘉庆三年（1798）十月二十三日，嘉庆帝陵墓万年吉地工程档房的一件《为呈明支领廪饩事》呈文上有这样的记载：

恭照太平峪敬建万年吉地，其规模虽经风水官敬谨指示勘定，但兴工在迩，自应再行复勘，以昭敬慎。

嘉庆四年（1799）二月初八日，《内务府来文·礼仪》上记载一份礼部的奏折：

准办理万年吉地工程处奏准，于二月十九日兴工吉等因到部。臣等恭查兴工吉期应遣官前往祭告后土、司工之神、永宁山神。所有遣官祭告各事宜由太常寺办理，祝文由翰林院撰拟。为此谨具奏闻。

本日奉旨：知道了。钦此。

嘉庆五年（1800）六月，《内务府来文·陵寝事务》上记载着一份户部的《谨奏为遵旨议奏事》奏折：

现在吉地等，虽于嘉庆四年二月内择吉动工，第因架木于上年冬季到工，实自今春三月始兴工办起。

从上述三份档案记载中可以发现，嘉庆帝陵墓在嘉庆四年（1799）二月初八日正式兴工，之后，由于一些工程所需塔架等工具未能及时运来，工程只能是局部小范围内开工。但这些足以说明，嘉庆帝陵墓兴工日期不是嘉庆元年（1796）。

那么，嘉庆帝的昌陵陵址究竟是哪年选定的呢？

根据一份福长安、蕴布上奏的风水说帖可以确定，嘉庆帝陵陵址是在嘉庆二年（1797）选定的，这份风水说帖是这样写的：

臣福长安、蕴布谨奏为恭进万年吉地图说事：

臣等率领通晓风水之户部郎中图明阿等敬谨相度万年吉地。据该员等相度得泰陵迤西之太平峪，与泰陵、泰东陵同发源于永宁山，分为二大干，其东出一干泰东陵之来凤山，其中出一干双分而下，内一为泰陵之来龙山，其迤西之干即现在相度之太平峪是也。此山与泰陵同，月永分千，万星拱辅，层伏层起，由亥之艮，又由艮之亥，正合紫薇天市二垣之局。中间过峡行龙，或拥作金水联珠，或拥作水木清华，或开三泰宝帐，或开五老围屏，层层蟠曲，统九星二十八宿之全，从分脉处数至入首，绵延三十余里，共计起星三十六位，伏脉三十六重，是为七十二候，以应周天三百六十度之数，到局结作太极轮晕，堂局圆正，印证分明，龙环于左，虎伏于右，宜用子午加在丙山向丙子丙午分金。

至于前山诸星，第一层为富贵庄文星朝案，第二层为九凤山武曲朝案，第三层与泰陵同用寿星山为朝案，西华盖山峙秀于西，东华盖山峙秀于东，后山正北白玉等峰左右分抱而南，周回围绕，如星之拱辰，如枢之运斗。

众水随山而下，无不到堂会局，正所谓四维同弼，八极统环，成万国来朝之气象也。尤可庆者，寿星山前一水自南而北特朝案外，伏查南极为寿星之位，此方秀水入朝，术家谓之长寿水。以此推论，太平峪拟作万年吉地允足为万寿无疆之庆。臣等率领该员等连日敬谨周围相度，再讲求据该员等意见，均属相同，理合绘图贴说，恭呈御览。并将通晓风水及绘图人员衔名另缮清单一闻，谨奏。

嘉庆二年三月初七日

另据档案记载，当年为嘉庆帝堪舆太平峪陵墓风水的风水官员依次为：

户部郎中：图明阿，正白旗满洲

工部员外郎：雷维霈，江西南丰县人

钦天监执壶正：张恒台，安徽怀宁县人

钦天监执壶正：何元富，顺天大兴县人

原任知县：熊启磻，江西新建县人

州同职衔：熊占鳌，江西安义县人

新选高邮州教官：陈均，江苏武进县人

绘图人员为：

内务府员外郎：长兴，正白旗汉军

内务府员外郎：李如枚，镶黄旗汉军

内务府库掌：明德，正白旗满洲

太平峪陵址确定下来之后，嘉庆二年（1797）五月二十一日，嘉庆帝任命了万年吉地工程的承修大臣，负责总理陵寝各项事务，这些大臣是：户部尚书范宜恒，礼部尚书德明，礼部左侍郎铁保，工部左侍郎成德、赵佑，总管内务府大臣缊布。

虽然嘉庆帝任命了承办大臣，但对陵寝工程还是放心不下，于是同年五月二十四日，他令首领太监梁进忠传旨，派循郡王绵懿秘密查看万年吉地工程情况：

令臣绵懿密行查看万年吉地工程情形。钦此。

同年九月初二日，循郡王绵懿回奏嘉庆帝：

嗣于六月二十日礼部尚书德明带领风水监督人员到齐后，自二十一日至二十七日等日，将地盘正线按次看定灰样逐段界成，并将碑亭及妃园寝官员房等处地位丈量。讫于二十八日起身回京，闻系按照灰线烫样呈览酌定后，再行择吉等语。统俟起工时，臣即随时到工密行查看，所有一切利弊情形，陆续奏闻。谨奏。

　　嘉庆帝的太平峪陵寝，是在乾隆帝死后不久即嘉庆四年（1799）二月十九日正式兴工的，并且在陵寝工程开工不久，嘉庆帝陆续调换了一些承修大臣。其中，嘉庆四年（1799）三月二十七日，嘉庆帝以缊布事务较多为借口，免去其万年吉地职务；嘉庆四年（1799）五月十四日，嘉庆帝以成德年老体衰、精力不足且还担任刑部尚书为由，免去成德万年吉地职务，任命兵部右侍郎、原云南巡抚江兰接任原成德办理的陵寝事务；嘉庆五年（1800）闰四月二十二日，嘉庆帝任命已革职户部右侍郎、工部尚书公盛住任总管内务府大臣，负责办理万年吉地工程，常川住工督办，同时增派户部尚书布彦达赉办理万年吉地工程。之后，又增派兵部尚书汪承霈、原杭州将军范建丰两人为承修大臣。

　　此外，虽然当时承修大臣和相应的办事处都成立了，各项工程备料工作也开展了起来，但由于没有及时估算工程款项数额，于是，工程办事处奏请皇帝批准，临时从内务府广储司银库拆借白银十万两，作为采购物料储备资金，事后等正式拨款下来，由户部扣除这项款项。即开有如下单据：

　　　　采办石料监督：富森阿、谦吉、长兴，发银二万两；

　　　　办运灰斤监督：嵩年、庆俅、冯岐，发银二万五千两；

　　　　办造琉璃料监督：恒诚，发银四千两；

　　　　监视活计办运土方集料监督：额福敷成，上次批发银二千两存库未领，发银一万两；

办造糙砖瓦监督：阿德，发银三万两；

运送桅杉架木临清金砖监督：陆恒，发银一万两。

余下一千两库银，暂存广储司银库，作为备用。

同时，为了便于对工程及钱粮的使用进行稽查监督，工程处实行"年清年款"制度，即从嘉庆五年（1800）三月开始，每年的年底都要对工程等各项目结算，呈报户部核查确定，按款分析具奏工程款项，以此杜绝款项使用混乱。此项制度成为后来工程使用惯例。

经过六年多的紧张施工，花费了大约二百万两白银之后，嘉庆帝的太平峪陵寝基本建成。

据实地考察，其陵寝建筑规制次序由南往北为：三孔平桥、圣德神功碑亭、五孔拱桥、望柱、石像生五对（由南往北顺序为：石狮、石象、石马、武士、文士）、龙凤门、三孔拱桥、下马牌、三路三孔拱桥、神道碑亭、神厨库（坐东朝西，内建神厨房、南北神库、省牲亭，环以红墙，南墙外是井亭）、东西朝房、晾奶房（位于东朝房后面）、东西班房、隆恩门、东西焚帛炉、东西配殿、隆恩殿、陵寝门、二柱门、石五供、方城、明楼、哑巴院、宝城、宝顶，宝顶下面是地宫。

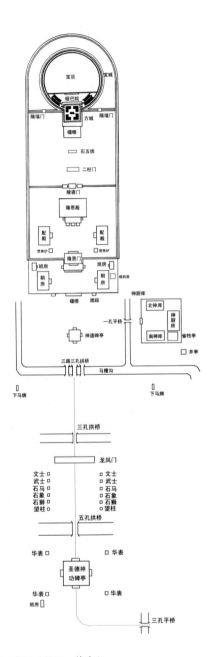

昌陵平面示意图（绘图：徐鑫）

昌陵石像生之石马

昌陵三孔拱桥及龙凤门

昌陵神厨库

昌陵井亭

昌陵东朝房

昌陵东焚帛炉

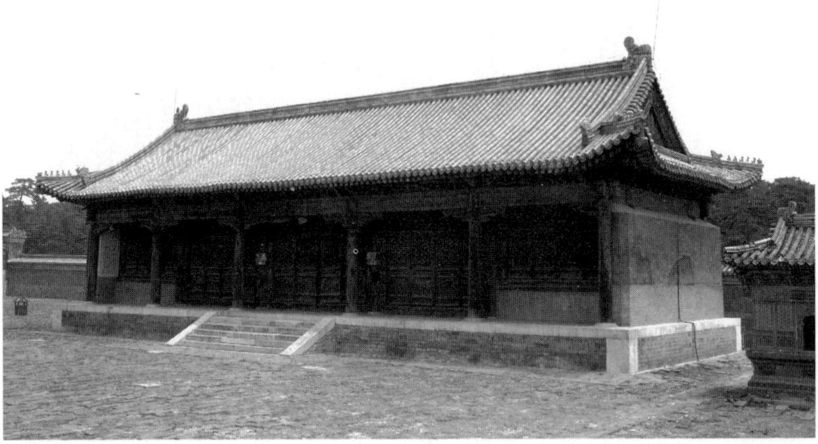

昌陵东配殿

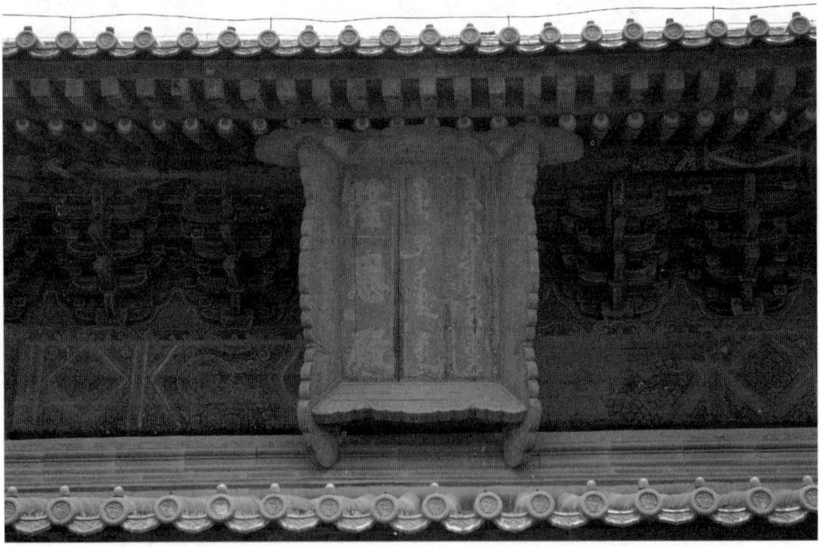

昌陵隆恩殿斗匾

昌陵陵寝门

昌陵二柱门及方城明楼

昌陵方城明楼

昌陵哑巴院

昌陵宝顶

昌陵圣德神功碑亭南神路

陵内没有玉带河，神路与泰陵神路相接。

据记载，嘉庆帝的太平峪陵寝是按照雍正帝的泰陵规制营建的，但其地宫则是仿照乾隆帝在东陵的裕陵地宫营建的，即现在人们常说的，嘉庆帝陵寝是"外式照泰陵，内式照裕陵"。

那么，究竟何为"外式照泰陵，内式照裕陵"呢？

二、"照猫画虎"

每座帝陵的建筑规制，均是仿照前朝帝陵规制，且有部分改动营建当朝帝陵。嘉庆帝陵寝位于西陵，乾隆帝的裕陵则位于东陵，那么，嘉庆帝陵寝究竟应该按照哪种规制为模板营建呢？

嘉庆二年（1797）九月十六日，时任大学士的和珅将太平峪万年吉地图样恭呈御览，嘉庆帝批奏道：

> 准其照样建造。其地宫照胜水峪（乾隆帝裕陵），大碑楼将来在七孔桥北建盖，其券外一切规制、妃衙门殿座、券池，俱照泰陵式样建盖。

从这道谕旨上看，太平峪陵寝图纸是地宫按照乾隆帝裕陵地宫设计，陵寝建筑是按照泰陵规制设计的。但后来实际上，太平峪陵寝没有七孔拱桥，只有五孔拱桥，且圣德神功碑亭楼（大碑楼）是建在五孔拱桥南。

由此可见，太平峪陵寝工程在实际施工过程中，图纸是有所改变的。嘉庆帝的太平峪陵寝图纸为样式雷四世传人雷家玺所设计。

"样式雷",是现代人对主持清朝皇家建筑设计三百余年的雷姓世家的美称,雷姓是明末清初世代相传的专业建筑世家。据记载,其家族共传有雷发达、雷金玉、雷声澂、雷家玺、雷景修、雷思起、雷廷昌、雷献彩等八代。始祖雷发达(1619—1693),原籍江西南康人,明末迁居南京。清康熙初年,雷发达以工匠身份到北京服役,参加宫廷建筑。清朝的宫廷、陵寝等建筑,由工部负责。设计工作由算房和样式房负责。算房负责建筑的做法和估价工料;样式房则负责建筑施工图纸绘画和建筑模型,即档案常用词语"图样"和"烫样"。其中,烫样是用木料、秫秸、草纸、油纸、沥粉等制作出来的逼真建筑模型,这模型中还包括建筑周围的山川、河流等,其制作工作不仅复杂而且详细。因制作工艺中有一道熨烫工序,故称为烫样。烫样只有经过皇帝审阅批准后,才能据此绘制设计施工图纸,并编制工程做法和预算。由于雷发达技术超众,很快成为工部营造所的长班,负责掌管样房的图样和烫样。自此,从康熙初年到清末,工部营造所的样式房,均由雷发达及其子孙主持,因此,后人称这些图样和烫样为"样式雷"。

这些样式雷的传世图档中,涵盖着几乎所有的清朝陵寝。在清朝陵寝的建设中,为了追求陵寝建筑与自然环境的协调统一,样式雷的设计者们,要跟随选址官员和风水大师亲赴现场,勘察风水,统筹生态、自然景观以及工程地质等要素,以便确定陵基并能开展相应的总体规划设计。其中,陵寝的陵基及轴线(山向)为重中之重,必须详慎权衡才能最终确定。在这些图样和烫样中,大自然的山川、河流都被作为建筑的一部分加以整体规划和利用,作为人工建筑,只是根据

地形和需要有序布列其中，由此营造出人与自然和谐相处的建筑、风景相辅相成的天人合一的完美环境。

由于样式雷的设计方案直接关系着陵寝规制，而规制的高低又都是历朝皇帝所重视的，因此，嘉庆帝对自己的陵寝规制也格外重视。嘉庆五年（1800）九月初二日，嘉庆帝向承修大臣汪承霈、范建丰、盛住等人再次强调"外式照泰陵，内式照裕陵"的修建宗旨。外式，即能看到的地面建筑；内式，即深埋在地下而肉眼无法看到的建筑部分。也就是说，嘉庆帝的太平峪陵寝规制是泰陵和裕陵两座陵寝规制的结合体。

嘉庆帝陵寝为什么要这么苦费心思地坚持如此规制做法要求呢？

据清陵学者徐广源分析，这与嘉庆帝对这两座陵寝的规制熟悉程度和自己陵寝所处位置有直接关系。泰陵作为西陵的首陵、主陵，拥有其他非主陵不具备的石牌坊、大红门、更衣殿等一些特殊特色建筑。裕陵建筑虽然位于东陵，属于附属帝陵，建筑规制基本与泰陵差不多，但实际在很多方面还是超越了泰陵建筑规制级别。泰陵石像生为五对，裕陵石像生为八对，多出来骆驼、麒麟、狻猊各一对；裕陵隆恩殿后面有一条玉带河，河上有三座精致的玉带桥，而泰陵则没有这些；裕陵的石五供，不仅炉、瓶、烛台雕刻了精美的兽面纹，且其炉顶、瓶花、蜡烛都是用名贵的紫砂石雕刻制作的，而泰陵石五供上的器具，只是一整块石料，且没有雕刻。两座陵寝地宫的差别就更大了，泰陵地宫没有佛像、经文等雕刻，地面都是大砖墁铺的，而裕陵地宫的墙壁、石门、券顶上布满了精美的经文、佛像，这些雕刻使用手法有阴刻、阳雕之分，因此地宫极尽奢华、高贵、典雅，而地宫地面则是青白石铺设的，不仅坚固，更是与四壁浑然一体，达到了美观和实用作用。因此，本意想按照裕陵营建的嘉庆帝陵寝，由于位于西陵，不得不考虑其附近有泰陵的事实，为了尊敬祖上、留下敬孝美名，只能不超越泰陵规制，但这又不是嘉庆帝自己内心真实的本意，于是，嘉庆帝作出了一个折中方案，即看得见的圣德神功碑亭及其以北的建筑遵循泰陵规制，地下看不见的地宫建筑部分按照裕陵地宫规制。虽然这样做自己多少还是有些委屈，但这是一个最佳的"委曲求全"的美好方案：超越泰陵的地方，世人看不见；虽然得到了裕陵的精华地方，却没有超越裕陵，还了却了自己的夙愿，从而达到了最佳的心理组合：祖宗有面子，自己也有尊严。

事实上，虽然嘉庆帝口口声声说要"外式照泰陵"，而且他的陵寝在很多人眼里与泰陵没什么差异，但实际上嘉庆帝陵寝与泰陵还是有一些区别的。泰陵圣德神功碑亭以北为七孔拱桥，嘉庆帝太平峪陵寝则为五孔拱桥；泰陵隆恩殿地面用金砖铺墁，太平峪陵寝隆恩殿则为花斑石；泰陵隆恩殿东暖阁没有佛楼，而太平峪陵寝隆恩殿东暖阁则仿照裕陵建了佛楼。

佛楼，也叫"仙楼"，是供设佛像和与佛有关物品的地方。乾隆帝的生母孝圣宪皇后生前笃信佛教，所以乾隆帝在给他的母亲营建泰东陵时，特地在隆恩殿东暖阁内建了一座佛楼。之后，乾隆帝也在裕陵隆恩殿东暖阁建了佛楼，参照乾隆帝的裕陵，嘉庆帝同样在自己太平峪陵寝隆恩殿内设置了佛楼。佛楼为上下两层，佛楼的楼顶为毗卢帽形，上刻云纹、夔龙之类，贴饰金箔，极为精美华丽，下垂帘笼柱，六角菱花隔扇，做工精细。

昌陵隆恩殿内景

昌陵隆恩殿中暖阁内神龛

昌陵隆恩殿东暖阁佛楼

整座佛楼如同一间小型文物陈列室。上层供奉佛像，是嘉庆八年（1803）五月初八日郎中李如枚从北京万寿山将这些佛像取来，于五月十二日送到昌陵，按次供设。下层安设宝床、宝座、炕桌、炕案、地案，上陈各种古玩、器物。

据内务府档案记载，佛楼下层陈设如下物品：

宝床、宝座上设：黄缎绣花迎手、靠背、坐褥一分。上设如意一件，容镜一面，纺丝手巾一条，红雕漆痰盆一件。

右边紫檀炕桌一张，上设白玉提梁卣一件_{随紫檀架座}；石砚二方_{内一方有璺，紫檀嵌玉匣盛}；青玉卮二件_{紫檀座}；汉玉乳钉圭一件_{紫檀座}；烧汉玉三阳开泰笔山一件_{紫檀座}；青玉凤穿牡丹一件_{紫檀座}。

右边紫檀炕案一张，上设青玉山子一件_{紫檀商丝座}；青玉荷叶洗一件_{紫檀座}；竹笔筒一件，随玉笔二支；青玉绵长大吉尊一件_{紫檀绿牙双座}；青玉兽面三环水盛一件，随珊瑚匙一件_{紫檀座}；青玉松鹿背格一件_{紫檀商丝座，过枝缺玉，随红墨一锭}；青玉仿圈一件_{紫檀商丝座}。

左边紫檀地案一张，上设白玉吉庆方瓶一件_{紫檀座，身有绺、耳粘}；碧玉笔筒一件_{紫檀座，足粘，身有透绺}；白玉锦麟献瑞一件_{紫檀座}；铜珐琅兽耳炉一件_{紫檀座}。

右边紫檀地案一张，上设霁红瓶一件_{红漆座}；洋漆文具一件_{内木盒二个}；白玉太平有象一件_{紫檀座，两接}；宋玛葵花洗一件_{紫檀座，身口有璺并缺}；铜珐琅双圆瓶一件_{紫檀座}。

楠木，又称"金丝楠木"，以其木质坚实细腻、纹理华美、芳香著称，是建筑梁架、木质家具理想木材之一。主产于我国四川、云南、贵州、湖南等省深山峻岭之中，砍伐、运输十分艰难，因此有工人"入山一千，出山八百"之悲叹。

按照建筑规划，嘉庆帝太平峪陵寝建筑所用木料大都是楠木。但当时产楠木地区正在发生白莲教起义等，无法砍伐、运送木料，为解一时之急，北京东直门城楼的楠木被拆下来用于太平峪陵寝工程。由于缺口太大，承修大臣建议将北京城内有楠木建筑的庙宇都拆用太平峪陵寝工程。对此，嘉庆帝表示反对。他认为，因为自己营建陵寝而拆毁数量众多的庙宇，不仅会引发民怨，还会惹怒神仙，甚至因此而动摇自己的统治权威和撼动大清江山，得不偿失，所以给予了坚决否定。为此，他将承修大臣、西陵内务府总管盛住召到北京，当面降谕旨：

> 向来吉地殿宇，俱系油饰彩画，木质不露于外，即易以松木未尝不可。钦此。

遵照嘉庆帝谕旨，承修大臣决定将万年吉地工程的中路建筑隆恩殿、东西配殿、隆恩门、神道碑亭、明楼等全部改用松木。松木采源自热河围场，由热河副都统德勒克扎布、热河总管姚良协同工程处员外郎达琳、主事德音共同负责砍伐。经过估算，这次砍伐、运费共需要十二万五千零五十八两二分三厘库银。已有的楠木五十五件、桅杉木三十一件，则作为隆恩殿内暖阁、神龛等项使用。

虽然嘉庆帝的太平峪陵寝主要木料因为特殊因素改成了使用松木，其陵寝建筑的其他个别规制也与泰陵有所区别，没有能够做到完整的

"外式照泰陵",但其"内式照裕陵"则做得非常完美。乾隆帝的裕陵地宫雕刻被完整地复制到了嘉庆帝陵寝地下,使其地宫与裕陵地宫几乎一模一样,基本没有区别和改动。

那么,嘉庆帝是如何做到这如此完美事情的呢?

三、"复制"地宫

按传统清陵规制,皇帝陵的地宫为"九券四门",即由九个拱券和四道石门组成。这九个券由外至内依次为隧道券、闪当券、罩门券、第一道门洞券、明堂券、第二道门洞券、穿堂券、第三道门洞券、金券,其中除隧道券和闪当券为砖券外,其余七个券均为石券。所谓"券",就是利用砖或石等之间的侧压力,建成跨空的弧形砌体拱券样式,使其能够代替梁柱承受上方的重量或压力。帝、后的棺椁放在地宫金券内的石制棺床上。

由此可见,思想守旧的嘉庆帝陵寝,自然是按照传统的皇帝陵寝地宫标准营建,但嘉庆帝陵寝所要效仿的不是所谓的地宫规制,而是地宫内部的装饰布局,即自己皇父裕陵精美奢华的地宫里雕刻的佛像、经文等。据统计,这些佛像雕刻有八大菩萨、四大天王、五方佛、三十五佛等;佛教图案有宝塔、宝珠、五欲供、狮子;佛教法器有轮、螺、伞、盖、花、罐(瓶)、鱼、长(结)等八宝图案;藏文经文有六百四十七字,梵文有二万九千四百六十四字。按照地宫不同部位和雕刻内容,其雕刻手法分为阳雕和阴刻,是现在所知道的封建皇陵中最为奢华的地下宫殿,誉有"地下佛堂"的美称。

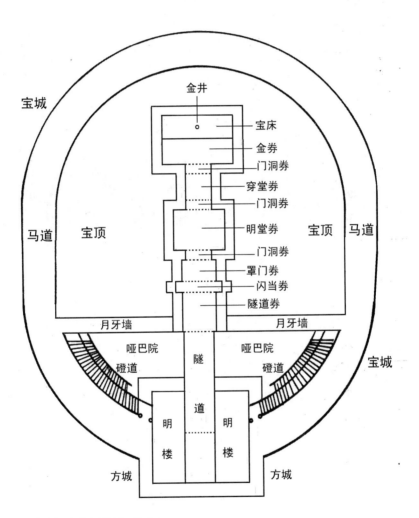

昌陵地宫平面图（绘图：徐鑫）

乾隆帝裕陵地宫部分佛像雕像

　　嘉庆四年（1799）六月二十日，嘉庆帝谕令军机大臣寄信于正在东陵督办裕陵地宫龙山石①工程的东陵守护大臣即乾隆帝之孙荣郡王绵亿：

　　　　现在办理太平峪万年吉地工程，其地宫内所镌佛像、经文应照裕陵宝顶内所镌佛像、经文式样。著传谕绵亿，如该处存有载明佛像名号、数目及何种经文，亦即抄录档案呈览。倘无档案可稽，前曾降旨令绵亿、景熠亲带匠役镌刻宝床上龙山石，现已遵

---

①　龙山石，又称"卡棺石"，是棺椁四角固定棺椁的石构件，与石棺床上铆扣连接。每座陵寝地宫的卡棺石制式均不相同。其中，裕陵地宫的每具棺椁有四块卡棺石，每块龙山石均浮雕有龙、云和海水江崖。

照恭办。朕知绵亿素能绘事。著于镌刻龙山石之便，将券石上佛像亲自摹画大概，止须画一二块石上佛像呈阅，即可照办，不必全行勾画出。并查明每块石上佛像几尊，券内共用石若干块，即可算计所镌佛像之数。经文亦可照样描写头尾数段。又石门外，曾记有镌刻天王像，并著一并查明摹写具奏。将此谕令知之。钦此。遵旨寄信前来。

嘉庆帝这道谕旨的简单意思是说，现在西陵太平峪陵寝地宫需要按照裕陵地宫的佛像、经文等式样，让东陵守护大臣绵亿查看档案，看看有没有这方面的记载，如果有的话，就抄录一份；没有的话，就借助正在制作地宫龙山石的机会，将裕陵地宫里面的佛像、经文各自画出一个样子，并特意强调石门外还有天王像。

嘉庆帝为什么特意强调石门之外的天王像呢？

原来，嘉庆帝曾有一次机会进入裕陵地宫，即乾隆四十年（1775）十月二十六日，还是皇子身份的嘉庆帝亲送生母令懿皇贵妃入葬裕陵地宫，有幸见到皇父华丽奢侈的地宫。对此，嘉庆帝的印象极其深刻，内心老惦记着这件事情，建一座类似的地宫成为他生平的夙愿。于是，当他成为皇帝后，为了不超越皇父裕陵地宫的规制，遂决定将自己的陵寝地宫完全按照裕陵地宫模样修建。又因为他知道绵亿擅长绘画描摹，这才决定让绵亿负责描摹裕陵地宫佛像、经文等重要事务。

绵亿（1764—1815）是乾隆帝第五子纯亲王永琪的第五子，当时担任东陵守护大臣职务，爵位荣郡王。乾隆四十九年（1784）封贝勒。嘉庆四年（1799）晋荣郡王。嘉庆二十年（1815）去世，谥号恪。绵

亿年少孤独，身体孱弱，但聪敏异常，工书，熟经史，是少有的人才。

嘉庆四年（1799）七月初五日，嘉庆帝接到了绵亿的回奏：

再查地宫内券墙上所有镌刻西番字迹，或系大西天字，或系喇嘛字体，并非一样。兹已将旧存烫样一分送京预备呈览，自无难分析。惟图样中糟烂不全处所，或系经文，或系佛像。奴才虽于工作之便，照样敬谨虔摹补足，而两样字体奴才俱不能认决，不但不能指明是经是咒，并且字法笔画中，亦难保其不无错落之处。奴才复就近将隆福寺喇嘛等传到，令其将奴才虔摹数纸认看。据达喇嘛回称云：素不认西番字体。亦无从知有错落与否，理合附片，据实奏闻。

朱批：甚属详细，可佳。

原来，在六月二十三日这天，身在东陵的绵亿就接到了军机处转发过来的嘉庆帝谕旨，绵亿不敢怠慢，立刻按照谕旨的意思落实，查看是否有存档裕陵地宫佛像、经文图纸事项。经仔细查找后发现，东陵守护大臣府邸各衙门档案，均没有关于裕陵地宫方面的记载，裕陵内关防衙门虽发现有裕陵地宫烫样图式一份，图内原有镌刻佛像、经咒、花纹，并签贴佛号、经名全备，但因时间久远、保管不当，致使纸楠糟烂、西番文字花纹间模糊不清，甚至有丢失文字现象。绵亿见此，只能按照嘉庆帝交代的第二套方案行事，利用进入裕陵地宫的便利条件，将所存图中缺失的佛像、花纹参照地宫实物勾描描摹。由于绵亿不懂梵文和藏文，为了慎重起见，他派人将东陵隆福寺的喇嘛传唤过来，让他们辨认自己描摹的这些文字是否有错落或者丢失笔画现象，出乎意料的是，这些喇嘛对于梵文和藏文竟然也不认识。出于无奈，绵亿只得将旧存的裕陵烫样及自己临摹描绘补缺的烫样部分都粘贴上黄色标签，派人送到北京交给了军机处转呈嘉庆帝。

由于北京顺利拿到了裕陵地宫烫样，使得北京方面的一些安排也发生了改变，即原先太平峪工程处与管理京城喇嘛事务衙门曾商量，由京师派喇嘛去裕陵地宫踏勘佛像、经文的行动被取消，而现在喇嘛事务衙门只需要选派几名缮写梵文、藏文及绘画佛像的喇嘛，让他们到雷神庙听候新工作安排即可。

嘉庆四年（1799）八月二十九日，太平峪工程处依据军机处转发过来的裕陵地宫旧存烫样，按照样式新制作了一份属于太平峪陵寝地宫的烫样，恭呈给嘉庆帝御览，嘉庆帝朱笔批准照样办理：

知道了。钦此。

太平峪工程处接到谕旨后，立刻开始了工程运作。首先，令管理京城喇嘛事务衙门的札萨克喇嘛噶尔藏格烈，将熟悉经文、佛像的喇嘛伊什佳木磋任命为掌案，长期驻守工地，负责监督、校对所刻经文、佛像工作。其次，从皇宫的中正殿、清字经馆两处，挑选出缮写经文、缮画佛像的八名喇嘛，令其于嘉庆五年（1800）三月初二日到太平峪工地参加经文的书写、佛像的绘画工作。太平峪工程处的工部笔帖式明椿、圆明园候补苑副福成额负责监督办理地宫雕刻工程，总理档房工部郎中福兴、内务府员外郎德敏兼理地宫雕刻事务。同时，噶尔藏

格烈喇嘛也不时到工地查看协助该项工程。

嘉庆五年（1800）三月二十日，嘉庆帝展谒西陵，顺便阅视了自己的太平峪万年吉地工程。承修大臣把御书处石匠镌刻的梵、番各两个字和由工程处石匠镌刻的番、梵各两个字呈给嘉庆帝观看。嘉庆帝对工程处石匠镌刻的字体非常满意，当场降旨：

即著本工石匠镌刻，不必交御书处办理。

原来，营建乾隆帝裕陵地宫时的经文、佛像雕刻，是作为另案工程处理的，雕刻工作由京师御书处的工匠负责，开支花费也单独核算报销。

当太平峪陵寝地宫的雕刻工作事项确定之后，承修大臣督率工程管理人员、书算人员遵照裕陵销算成例，对昌陵地宫雕刻工程进行详细估算。经过估算，地宫内各券内所镌刻的八大菩萨、四大天王、五方佛等各佛像以及八宝、香几、宝盆、铃杵、宝珠等各种花纹活计，需工料银六千七百二十五两四分八厘。各券内平水墙、月牙墙，券顶周围及券脸、门对等处镌刻番字、梵字经文、咒语等活计，共需工料银四千一百九十二两五钱一分二厘。通过估算知道，用本工石匠比裕陵用御书处石匠雕刻可节省银一千零五十六两六厘。还有，除札萨克喇嘛等绘画经文佛像应用纸张照例行取应用外，太平峪陵寝地宫经文、佛像雕刻共估需工料银一万一千三百四十八两八钱二厘。

裕陵地宫是四门九券式结构，因此，嘉庆帝的太平峪陵寝地宫也是如此结构。据著名古建筑学家、天津大学教授王其亨考证，其地宫的石雕刻图像，是先雕刻好后，再砌到地宫里面的。其大致做法为：在一个平坦的地面，深挖一个比实际地宫尺寸稍大的地槽，地槽的形状像一个倒置的地宫，称"样券坑"。用旧城砖按照地宫形状，砌成曲面向下凹的券坑，称"样制券"。券两端的垂直墙部分也用砖砌好。样制券的内轮廓尺寸与将来地宫石券的外轮廓尺寸相同。整个样制券实际上就是地宫拱券的一个阴模。然后将事先已琢制好的券石砌到样制券中，其砌法和精密程度与后来砌地宫时一样。砌好后的内轮廓尺寸及形状与以后实际地宫内轮廓尺寸、形状完全一样，不能有丝毫误差。这就像把地宫倒仰过来一样。这时再令善写经文，善画佛像、花纹的喇嘛，根据烫样和图式在其内描绘经文、佛像，描写好后，再令石匠镌刻。刻毕，将每块券石按一定顺序编写号码，拆出，再回砌到实际地宫槽内。

裕陵地宫构造示意图

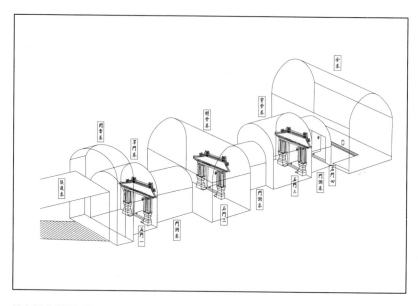

地宫样式券透视效果图（绘图：贾嘉）

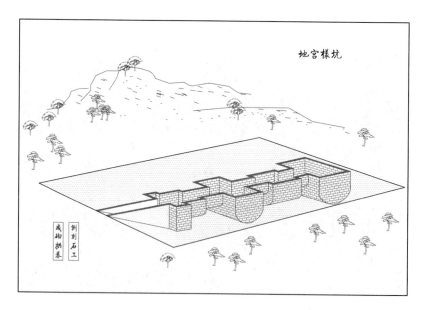

地宫样坑（绘图：贾嘉）

清陵地宫制作方式上，曾有人说，是不是地宫墙壁上有雕刻，才采用样式券的方法呢？比如光绪帝的崇陵地宫，墙壁上是光素，没有任何雕刻。王其亨教授经研究后认为，清陵地宫的修建均是样式制方法。例如，咸丰帝的定陵地宫《土作销算黄策·五号》里就有这样的记载：

> 随样制金券开刨样券坑。面阔四长三尺四寸，进深三丈二寸，深一丈六尺五寸，工完照旧填垫。

嘉庆帝太平峪陵寝地宫的营建方式，也是采用样制券方式营建的。

嘉庆五年（1800）三月初六日，京城来的喇嘛们就开始在已做好的地宫样制券里绘画工作。为了提高工作效率，缩短工期，在保证工程质量的前提下，采取了随画随雕的新式工作方式。先进的工作方法，效果果然不一般，到同年十二月下旬，工期仅用了十个月就完成了。为了降低成本，参加绘画工作的喇嘛，只留下掌案喇嘛和画佛喇嘛在工地，以便在地宫实际施工中监督确保有经文、佛像的地方不出现差错。其余的七名喇嘛，则令其回到北京原当差处，继续以前的工作。当整座地宫工作安砌完毕后，留在工地的最后两名喇嘛也被送回了北京。

太平峪陵寝地宫石雕工程与裕陵相比，有三个显著特点：

1. 减少机构。统一由陵寝工程处办理，不另案专办；

2. 协调方便。镌刻用本工程处石匠，而不用御书处石匠；

3. 工期缩短。随画随刻，进度快，节省经费。裕陵用了三年，而昌

陵尚不足一年，且省银一千多两。

太平峪陵寝地宫能按照嘉庆帝意愿，如此迅速地完工，虽说是嘉庆帝调度有方，但在实际操作过程中，更多的则是那些为他跑前跑后的大臣和勤劳的工匠人员。嘉庆帝的太平峪陵寝地宫规制，是目前为止知道的唯一与裕陵最为相近的又一座地下佛堂。

目前，虽然人们知道太平峪陵寝地宫是按照乾隆帝的裕陵地宫复制出来的，但是因为没有考古发掘，所以其地宫依旧充满了神秘色彩，其陵墓也同样具有诱人的传奇魅力。

四、营建营房及绿化

按清朝陵制，每朝皇陵兴建的同时，负责陵寝管理和保卫的内务府、礼部、工部和八旗等机构部门办公用的营房，大多数在皇陵营建后期开始营建，且与陵寝基本同时完工。

嘉庆七年（1802）十二月，太平峪陵寝工程已经进入后期工作，与之相配套的机构、部门的营房工程随之开始筹备营建。

礼部尚书纪昀奏请，太平峪陵寝的附属机构的营房按照泰陵规制营建，嘉庆帝批准。

经查，泰陵、泰东陵的礼部、工部两个衙门的官员是在一起办公的。因此，太平峪陵寝的两部衙门也在一个府衙一起办公。再经调查，发现有现成的空房屋，只需在现有房屋前面接盖一些，就可以作为礼部的金银器皿库房，不但省时间，还可以节省钱粮。经过批准，礼部的库房按照礼部规划的规制做了预算。

最后，经过详细统计得知，礼、工官员房屋需要二十四所，计房七十三间；档案、牛吏差役等房屋九十六所，计房一百九十二间；祭品房二座，计房十间；果楼一座，计房三间；暖果窖一座，计房一间；黑牛、乳牛、羊棚三座，计房九间；磨料房一座，计房五间；大门四间。总共需要房屋二百九十七间。

再，金银器皿库前接添龙亭库一座，计三间；后抱厦一间；看守房二座，计房二间；粘修旧有祝版房三间，看守房一间；补盖看守房一间；拆修门罩一座，挪盖大门楼一座、堆拨房二间。

还有，遵照泰陵并妃园寝规制，应建八旗营房二座、内官员房三十二所，计房一百三十一间；披甲人房一百二十所，计房二百四十间；营门五间，通共计房三百七十六间。

以上各活计并门楼、大墙、院墙、影壁、涵洞、碾盘、食水井、石平桥座，开挖泄水河道、清挖旧河以及各座甬路、散水、灰土泊岸、填垫地面、衬平土步、成搭圈厂棚座、糊饰窗心等项工程，除应需的松木、架木、平铁、叶铁、江米、白矾、桐油、白面、烟子、呈文纸张等项照例向各该处行取应用外，遵照泰陵成例，通共估需银三十六万二百零三两四钱三分四厘。

虽然太平峪陵寝的各衙署衙门的营房规制、数量以及钱粮预算都做好了，但在实际施工过程中为了节省开支，还是有个别变动的地方。在府衙营房施工之前，太平峪陵寝办事处就曾发布消息，号召官员、工匠提供省时省钱的方法建议。于是，就有一些工程监督、监修提建议说：

查礼工部、八旗营房等座原估山、檐墙、院墙、台帮等处均系砖块成砌，若改用虎皮石，不但工程坚固，抑且节省钱粮。

建议中的所谓虎皮石，就是现在人们常说的山石。

承修大臣们对于这个建议很是重视，立即进行分析、商议。他们认为，营房的房屋规制并没有统一的标准，而能改变原先的做法，不但省时间，还能节省银子。于是，令工程书算人员按使用虎皮石进行核算。结果发现，果然比用砖可节省银二万八千二百余两。承修大臣们将这个建议以及核算省银的情况向嘉庆帝具奏汇报。嘉庆八年（1803）五月二十六日，嘉庆帝在承修大臣的奏折上批道："知道了。"

按理说，陵寝的管理和保护机构的衙门、营房，应该在陵寝没有使用前就营建竣工，即嘉庆八年（1803）十月孝淑睿皇后入葬地宫之前，嘉庆帝陵寝所需要的衙门、营房等房屋就应该营建完备。然而，不知道是什么原因，虽然嘉庆帝对工程的改动批准了，但该工程却迟至嘉庆十年（1805）闰六月才开始相度这些营房的地址。经有关官员和风水人员相度，礼工二部衙署官员房间并牛羊圈于易州境内的鲁班庙地方堪以兴建，八旗营房在易州境内的范各庄堪以兴建。至于具体开工日期、竣工日期和花费银两，还不知道。

另外，按照惯例，陵寝工程的后期，太平峪工程处开始绿化工作，一来是为了增强风水理气，二来也是为了增加陵寝的庄严肃穆气氛。于是就在陵寝周围大量种植仪树、海树。种植是分多次进行的，第一次种植范围包括砂山、陵寝院内及神路两侧。从嘉庆七年（1802）开始，太平峪陵寝神路两侧各种植仪树十行，其中，松柏树二万五千三百三十五棵、枫杨树八千九百三十八棵。第二次种植范围在陵寝的来龙山、东西护山、九龙山等处山坡平川地面、露明空阔处。

昌陵西班房

由于太平峪陵寝后宝山是人工堆砌而成的山丘，而当时为了省时省料省工，将陵寝的废旧破料、建筑垃圾等都埋进了砂山内，虽然节省了开支，降低了成本，但在种植树木上却遇到了极大的麻烦。在挖出来的树坑里面，发现了很多的碎石等，树木根本无法存活。经过研究和试验，人们将树坑内的碎石等物取出，换成了质地良好的土壤，栽上树木后，然后再大量浇水，如果树木没有成活，继续补种树苗。这种办法行之有效，对树木的成活起到了很大的作用。嘉庆十年（1805），太平峪陵寝的绿化树木全部成活。三年后，这些树木均顺

105

利交给了太平峪陵寝内务府管理。后来经过陆续地种植，到咸丰七年（1857），光仪树的树木数量就达到了五万六千零七十二棵。

因此，嘉庆帝的太平峪陵寝绿化工程达到了历史最高峰。

第四章
不该发生的事

陵寝建筑是封建帝王最为重要的工程，能在那里承担营建监督任务的大臣，不仅职务地位很高，更是帝王信得过的重臣。然而，由于鱼目混珠，在这些办事大臣中出现了贪官、奸商，更令人惊叹的是，皇帝的亲戚竟然是首贪！以致陵寝的建筑出现了严重的质量问题。

一、"国舅爷"的贪婪

嘉庆帝的太平峪陵寝在营建过程中，一些承修大臣不是一心一意地干好本职工作，而是处处揣摩嘉庆帝的心思，试图经过陵寝施工过程中的部分规制改变而讨好皇帝。

嘉庆六年（1801）下半年，当营建方城的时候，承修大臣奏请将方城隧道券砖券改为石券。对此种建议，嘉庆帝不但不采纳不领情，反倒责怪起承修大臣不懂陵寝规制、试图贪污，并对承修大臣给予了一定的惩罚。对这件事情，嘉庆帝自有看法：

> 汪承霈等奏办理万年吉地工程一折内称，泰陵方城系临清砖券，恐日久不免酥碱。请将万年吉地方城改用青白石券等语。陵工应用砖石等料均有定制，岂容轻为更易？从前泰陵方城既用临清砖券，则现在万年吉地自应恪遵办理。设改用石料，较之泰陵工程节省尚且不可，况以石易砖，工料运脚势必需费更多。盛住系在工专办之人，此必伊主见。不过欲为浮销地步，靡费钱粮。且伊自派办此项工程诸形迟缓，总以例价不敷为词。此奏措词失体，尤为不合。盛住著交部议处。汪承霈、范建丰、额勒布、福敏泰随同附和，均交部察议。

昌陵方城隧道内景

昌陵方城明楼前景老照片

　　嘉庆帝的意思是说，汪承霈等一些承修大臣，上奏折称泰陵的方城隧道券是临清砖修建的，担心太平峪陵寝方城隧道券如用砖修砌，时间长久砖会酥损，建议将砖料改为石料。但嘉庆帝认为，陵寝砖石用料是有规定的，不能轻易更改。更何况既然泰陵都能用砖料，他的陵寝也能用砖料，况且石料的运费是比较贵的。因此，他认为这都是盛住的主意，目的就是要多报钱粮，因为自从盛住到了工地上，不但工程缓慢，而且在工程造价上，也总是找借口。所以令人将盛住议罪，因另外四个人与盛住一个口气说话，被嘉庆帝认为与盛住是一伙的，因此也一同被议罪。

　　盛住，何许人也？

　　盛住，和尔经额之子，嘉庆帝的孝淑睿皇后之兄，即嘉庆帝的内兄，俗称"大舅哥"、"大舅爷"、"大舅子"或"国舅爷"，袭三等承恩公，任总管内务府大臣。嘉庆四年（1799）正月初六日授为工部右侍郎，同年五月迁户部右侍郎，同年八月署工部尚书。由此可看出，由于他的特殊身份，其官运亨通，受恩优渥。然而他却属于那种贪利忘义、品行不端的恶劣小人，他自恃孝淑睿皇后之兄，不知检点，多行丑陋行为。嘉庆五年（1800）闰四月，盛住私自将皇宫内库所珍藏的珠玉、瓷器倒运出去变卖，更可恨的是，甚至将皇帝的玉宝招商变价出售。此事被嘉庆帝察觉后，立即进行追查，一下子就查到了盛住身上，然而，盛住不但不知错改正，竟还以"本系奏明呈览后请旨分别办理"巧言诡辩，让嘉庆帝极为恼怒。嘉庆五年（1800）闰四月二十日，嘉庆帝下令将盛住的所有职务差使全部革去，著以公爵，授为西陵总管内务府大臣，办理太平峪万年吉地工程，常年驻守工地监督，让他改过自新，以观后效。盛住是公爵，又是当今皇帝的内兄，由于奉命常年监督，在万年吉地承修大臣中，虽然排名不在首位，实际上却也能起到举足轻重的作用。

俗话说"江山易改，本性难移"。盛住的本质就是坏透顶的人，他在万年吉地并没有安分守己，认真当差，依旧恶习不改，屡生事端。

嘉庆九年（1804）十二月，西陵赞礼郎清安泰控告盛住每逢朔望小祭，私遣翼长拈香行礼；在白桩以外、青桩以内的风水禁地开塘取石。

嘉庆帝派英和、戴均元调查属实后，再次愤怒，责令拔去盛住双眼花翎，革去公爵，锁拿进京受审。经过审议，拟将其处死。嘉庆帝看在早死的孝淑睿皇后的情面上，加恩免死，自备斧资，发往乌鲁木齐，效力赎罪。后来，嘉庆帝赏给他一个副都统的职衔。嘉庆十年（1805），盛住死去，看在亲戚的情面上，嘉庆帝再次加恩给予了一定恤典。

按理说，人死之后，死无对证，就可以免于一切法律刑事诉讼。但令人想不到的一件贪污大案，在盛住死了三年之后，依旧将其牵扯了出来，而且在这件案子中他还是罪大恶极的首犯。

原来，嘉庆十三年（1808）六月，砖商孙兴邦控告笔帖式双福等人在办理太平峪万年吉地工程时，任意侵冒工程银两。嘉庆帝接到报案后，对此非常重视，谕令军机大臣会同刑部堂官连日对双福等人严加审讯。六月二十四日，经过会审，被控告的案犯之一催长鹤龄供认了案件的过程：

自嘉庆四年开工之后，灰斤例价不敷，兼以六年大雨冲坏，一切运费增多。彼时盛住等管工，奏准按照时价采办，并奏明将四五两年办过灰斤于从前发过例价之外，一体照奏准加价银数找给。盛住即将应补发各监督四五两年灰斤加价银五万余两扣存不发，交双福收存，另作补贴之用。

在鹤龄的口供中，不仅把贪污工程款的经过讲述得一清二楚，还额外供出了前西陵内务府总管盛住涉及贪污。因为贪污款项被保存在双福那里，于是，嘉庆帝下令查抄双福的家产。结果从他家搜出一本万年吉地工程旧账，根据账目的记录，意外地发现了从前办理万年吉地工程时，为采办练山石曾领银十六万余两，而盛住从中扣留四万两。这样算来，盛住前后两笔侵贪工程银就达到了九万余两。因钱款数目巨大，案情属于重大案件。嘉庆帝大为震惊，为了表达自己的愤怒，专门发布了一道谕旨严厉谴责：

万年吉地工程何等重大！所有收支款项岂容蒙混侵蚀，恣意分肥？盛住受恩优渥，从前屡经获咎，皆经格外保全。使其稍有良心，当如何实心图报。乃伊以管工大臣中居首之员，竟敢侵用加价银两，并暗扣成数多至九万，以致工员等相率效尤，弊端百出。是此案盛住实属罪魁！伊前年又因开采山石案内身获罪谴，问拟大辟，经朕格外宽宥，仅止发往新疆。伊果知感激免死厚恩，彼时即应将此二项侵扣之银据实首缴，则其罪犹可末减。乃伊不惟不行首出，转于陕西途次带信伊子达林，向双福处将交存之五万两讨回用度。是直将官帑作为私蓄，丧心昧良，至于此极！伊系孝淑皇后之兄，更应格外报恩，加倍谨慎小心。今所为如此，实堪痛恨！国法所在，朕岂能曲为宽贷。设使其身尚存，必当锁拿廷讯，加以刑夹，明正典刑，即行处斩，断不能幸逃法网。

嘉庆帝这道谕旨的大意是说，陵寝的工程属于重大事情，其所有款项是绝对不能私自侵吞的。盛住以前就有多次犯案的前科，但都格外开恩给予宽容，意思是令其知恩自当悔过。令人想不到的是，盛住作为承修大臣的首领大臣，不但贪污加价银两，而且数目高达九万两，致使其他的大臣效仿而贪污工程款，出现诸多工程问题。盛住是这次案件的首犯。前年，他就因为办理采石工程获罪，曾定为死罪，我格外开恩，只是将他发往新疆效力。而其并不知道悔改认罪，不但未将贪污的两项工程款事情如实交代，以期减轻罪过，反而在陕西去往新疆途中写信给其儿子达林，让他到双福那里讨要五万两私自花费。将国家的钱财当作个人的储蓄，这种丧尽天良的做法，实在可恶。按理说，盛住作为孝淑皇后的哥哥，更应该感恩报德，工作小心谨慎，没有想到他竟然是这样的人，真是太可恨了。国有国法，我不能再宽容他的罪过让他免于处罚，定要将他按照法律制裁，以正国法，问其死罪。

面对盛住这样无视王法、不顾亲情的无耻、贪婪小人，嘉庆帝真是有些"气炸连肝肺，锉碎口中牙"。然而，尽管嘉庆帝口口声声要不顾情面依国法治罪盛住，但此时盛住已死，也就没有办法再继续治罪。盛怒之下，嘉庆帝下令将前赏盛住副都统衔给予了撤职，并追回所得的朝廷恤典。这还不算完，嘉庆帝同时下令派户部左侍郎托津、礼部

右侍郎多庆将盛住的家产严密查抄，将其子吏部郎中达林、整仪尉庆林、候补笔帖式丰林，其孙候补笔帖式崇喜、崇恩等，均罢免职务，临时拘捕关押起来。并且下令，对此案中存在瓜分工程款项的三品卿衔成文、长芦盐政李如枚、苑副延福、催长鹤龄等人，均撤销职务，抄家问罪；其他涉案人员，笔帖式福承额、前充书算手、分发福建盐大使来学章，分发广东盐大使林振宇，前工程处办事人、候选通判张学耀等，也一同撤职拘押问罪。而且，还派乾清门侍卫色布征额赴天津，将李如枚居住地家产一并查抄，并将李如枚押解回京归案审讯。

嘉庆帝在对所涉及案件的官员处罚审讯的同时，对那些与案犯曾在一起工作过的、有失察失职职责的其他官员，也给予了一定处罚。

原来，在盛住被发配新疆后，嘉庆帝任命了户部右侍郎那彦宝、戴均元，工部左侍郎苏楞额，副都统常福为万年吉地新的承修大臣。那彦宝等人上任四年来对于盛住的侵贪罪行竟毫无察觉，实在是头脑混乱、玩忽职守、不称其职，下令将那彦宝降为头等侍卫，派往哈密换班。戴均元拔去花翎，降补正三品京堂。那彦宝、戴均元俱加恩免其交部议处。苏楞额、常福均革职、拔去花翎，降为三品，不必管理万年吉地工程，交部议处。

另外，受到此案牵连的还有喀什噶尔参赞大臣范建丰、二等侍卫哈丰阿、广东雷琼镇总兵富兰、总管内务府大臣额勒布。因为他们都曾办理过万年吉地工程事务，对盛住的种种不法行为隐忍不举，任其侵吞工程款而耽误了工期，因此嘉庆帝下令，将他们也均予罢免职务，发配边远地区劳动改造。

嘉庆十三年（1808）七月初八日，文渊阁大学士庆桂等人已经彻底审查核实清楚了"盛住与双福等通同侵扣帑项恣意分肥"案件，并对所有案犯分别拟定好了罪名，一同上奏给了嘉庆帝，恭请对案件作出最后的裁决。

嘉庆帝在全部案卷阅审后，对此案进行了全面的分析、论述和总结，对案犯分别进行了处理。其中，他对自己的大舅哥盛住的所作所为尤为痛恨，但还是多少顾及了一些私人感情上的情面，于是，他在谕旨中气愤地说道：

> 伊系管工大臣中居首之员，执法营私，首先舞弊，以致工员等相率效尤，罔知顾忌，实属丧心昧良，不成人类，可恨已极。设使其身尚在，朕必亲为廷讯，加以刑夹板责，立正刑诛。今伊已早经身故，然国宪具在，若系承修先朝陵寝，有此侵冒不法情事，必当剖棺戮尸，追治其罪。今所办系吉地工程，为日方长，正可从容修理，是以稍从末减。

嘉庆帝的意思是说，盛住作为陵寝首席承修大臣，执法犯法，竟然成为其他违法行为的榜样，实在是丧尽了良心，都不能称其为人了。如果他现在还活着的话，我一定会亲自审讯他，施以酷刑，最后给予砍头以此解心中之大恨。现在考虑盛住已死，国法尚在，若他这次是办理前朝陵寝事务而有此行为，一定会将他尸体刨挖出来给予治罪。考虑他所办理的陵寝事务是我的工程，不着急使用，还可以日后慢慢修理，可以适当减轻他的一些罪过。

除了盛住，另外的罪行严重者，当属双福、鹤龄了。嘉庆帝认为

盛住之所以侵用帑金，任意扣借，是因为这两个人是帮凶，因此是其
他案犯中的首要罪犯者，嘉庆帝这样斥责这两个人的卑劣行迹：

> 双福、鹤龄二人怂恿舞弊，狼狈为奸。双福、鹤龄各供认分
> 用正项帑银三千两。双福又将盛住存银五万两任意支借，其罪又
> 甚于鹤龄。该二犯侵蚀之项虽讯明只有此数，其未经查明私肥入
> 己者正不知凡几。此而不加以惩创，何以肃法纪而儆贪婪？

嘉庆帝的意思是说，双福、鹤龄两个人相互勾结，共同合谋贪污。
现在两人供认各自贪污工程款三千两银子。但双福将盛住寄存在他那
里的五万两银子任意挥霍，罪状比鹤龄还要大。虽然两人承认贪污只
有三千两，但没有承认的款项数目还不知道有多少呢。像犯下这种罪
行的人，如果不深加惩治，不能彰显国法存在的尊威。于是，嘉庆帝
命吏部尚书瑚图礼，军机大臣、户部左侍郎托津前往刑部监狱，将双
福、鹤龄二犯提出押往大堂，对双福施以刑夹，将鹤龄重责三十大板。
为了达到敲山震虎、杀鸡儆猴的作用，在施行时，令盛住的儿子达林、
庆林、丰林，孙子崇喜、崇恩环跪观看，并告诉他们：夹责的不是双
福、鹤龄，夹责的是盛住。

对双福、鹤龄两犯实施完肉体的刑罚之后，嘉庆帝令吏部左侍郎
潘世恩将双福、鹤龄绑赴市曹，立行处斩。将盛住的三个儿子、两个
孙子及其家人锡兰保、刘六、沈玉、张受儿、何成有分别发往黑龙江
和吉林效力赎罪。这些人发配到地之后，照拟夹杖。案犯成文、李如
枚、延福定为应斩死刑，秋后处决。

嘉庆十三年（1808）十月二十六日，经过一段时间的消气，在对上述案件做最后朝审时，嘉庆帝对判死刑的案犯：成文、李如枚、延福以及双保、尚玉相、海绍、诗蒙额等七人，加恩免于处死。

至此，太平峪陵寝贪污案算是全部结案。这次贪污案是清朝建陵史上唯一杀了两个朝廷贪官的大案、要案。但他们罪大恶极，属于罪有应得。

工程贪污案得到了最终处理，而从这件案子的深层含义看，嘉庆帝是一位仁厚帝王。但也正是嘉庆帝有着这种"仁厚"的思想，他的陵寝工程中就难免会存在其他质量问题。

二、豆腐渣工程

嘉庆帝之所以对这次陵寝官员贪污案的发生这么深恶痛绝，咬牙切齿，是有原因的。因为他最担心的是工程质量，而事实上，他的担心不无道理，太平峪陵寝工程的确在盛住等人的办理环境中发生了最为严重的问题。于是，还未完全竣工的太平峪陵寝进行了一次全面大维修工程。

原来，在盛住、双福等人贪污工程款事件还未被举报之前，嘉庆十四年（1809）三月，协办大学士、刑部尚书长麟等大臣奉旨查验太平峪陵寝质量。结果意外得知，石像生有作弊现象，即右边武士头上盔缨小柱、右边石狮项下铃铛、左边石象左牙梢尖均是粘接的。

昌陵石像生之武士

昌陵石像生之石狮

昌陵石像生之石象

因为太平峪陵寝是仿泰陵规制的，所以在陵寝的龙凤门以南处也设了一组石雕像即五对石像生，由北往南依次为：文士一对、武士一对、立马一对、立象一对、立狮一对。

长麟等人听闻这个消息后，立刻赶到石像生现场，按所说部位详细检查。但见这些石雕像，件件做工精细，虽经反复查看，竟也未发现丝毫破绽。他们并不死心，急中生智，拿出随身携带的小刀轻轻刮验。

世间无难事，只怕有心人。经过仔细、耐心的搜查，终于在距象牙尖四五寸的地方慢慢显露出了一道用白灰粘接的极细的石缝来，其缝细如发丝。以此方法检查，其他部位也发现均有粘接之痕。

经过认真思考分析，长麟等人认为，这种现象的出现情有可原，属于在所难免的工程失误。原来，这些石雕像在雕刻之前，每件荒料都是长达丈余的巨石。石匠们需要经过长时间的精雕细刻，把一些部位细节处刻成细如手指的盔缨柱，其难度是相当大的。工作中，只要稍有疏忽，一时失手就会出现雕刻残损。这种事故，显然与故意偷工减料、侵贪银两的性质是不一样的。然而，虽说上述工程失误在情理之中，但对于皇家陵寝来说，一切建筑都应该坚固完美，不容迁就含糊。

既然知道了这件事，经过验看又均属实，不能隐匿不报，否则就有欺君之罪。于是，长麟等人会同永鋆、永哲联名具折，向嘉庆帝如实奏报了这件事，并且建议内务府总理工程处：传原办石像生的监督、商人，迅速赶赴工地，共同查看。如粘接属实，即著该监督、商人如式各半赔修，并将这些人严加议处。

嘉庆帝接到奏报后，专门发布了一道上谕，要求立刻严肃办理此事：

> 此项石工系嘉庆九年春夏甫行出细，何以现经刮试有粘接灰痕？著内务府总理工程处即查原办之监督、商人迅赴工次，交苏楞额等眼同拆看。如粘接属实，即著据实参奏，将该监督严加议处。仍著原办之监督、商人如式各半赔修。其该年管工及事后未能查出之各大臣，并著查取职名，交部分别议处。

对于嘉庆帝的太平峪陵寝工程来说，真是一波未平，一波又起。石像生作弊案还未了结的时候，原承修大臣盛住、双福等人贪污工程款事件就被举报了出来。因此，嘉庆帝对自己的陵寝就更不放心了，于是，决定再次派人严格检查太平峪陵寝质量。

嘉庆十三年（1808）六月底的一天，总理西陵事务的康熙帝第六子允祐的孙子、贝勒永鋆向嘉庆帝上递了一份奏折，他在奏折中是这样说的：

> 万年吉地工程因连日阴雨，宫门、明楼等处均有渗漏。东配殿次间脱裂油饰一处，落有小块碎木。

为了更能说明问题的严重性，永鋆还将落下的一小块碎木封固好，送入北京，恭呈给嘉庆帝查看。嘉庆帝看了永鋆的奏折，又认真看了送来的碎木，他吃惊地发现，这小块碎木竟然已是糟朽的零星碎块。

这个细小的发现立刻引起了嘉庆帝的警觉。因为太平峪陵寝所用的木料均为新料，且那些建筑刚完工没几年，所用木料就已经达到如此糟朽程度，由此可见工程建筑质量之差的严重性。因此他意识到，这件事很可能与盛住等人的侵贪案有直接关系，于是，立即传谕刚刚被任命为太平峪万年吉地工程承修大臣的协办大学士、刑部尚书长麟，令其稍后赶赴西陵，查验太平峪万年吉地工程有没有营私舞弊、工程建筑质量等问题，如发现有上述情节者，立即据实参奏。并令长麟等带同钦天监的一名官员一同前往，将所有应行修理的工程建筑各择取吉期，奏明定期兴工维修。同时，嘉庆帝还下令，将原办东配殿及宫门（隆恩门）、明楼等处工程的官员著交军机大臣查明，严参具奏，请旨办理，不可使一人漏网，令之逍遥法外。

七月初八日，长麟起身赶赴西陵，十二日到达太平峪陵寝。在他到来之前，打着祭祀泰东陵的七月十五日"中元节"旗号的皇二子旻宁，已经到达太平峪陵寝，并且实地考察了太平峪陵寝地宫。长麟与旻宁见面后，旻宁向长麟介绍了他到地宫查看的结果。两个人交换意见后，决定再次进入地宫，做进一步考察。经过仔细查看，两个人发现地宫存在着以下问题：

> 头层石门檐头上蒸湿成珠甚多，头层石门上槛亦蒸湿成珠。头层石门内至二层石门外，地下潮湿无水。第四层石门内右边有石一块微潮。铜上槛亦有浆痕十数道。册宝箱间有潮湿处所。头层石门内左右各有水沟眼一处。此外并无水迹，亦无渗漏处所。

经过分析，长麟等人认为，头层石门内地面潮湿，檐头、上槛俱结潮成珠，是因为地宫入口处的穿堂渗漏，潮气内扑造成的。于是，他们重点对穿堂详细查看，发现不但头停渗漏，而且望板间还有糟朽，做法也不甚如式，认为穿堂应该拆盖。

随后，他们对太平峪陵寝的其他建筑也进行了全面查看，结果发现，方城城身上截的南北两面均有水浸痕迹。他们经过分析后认为：这是由于方城台面的砖缝里渗进了水，应该将宇墙拆卸，重新铺墁台面。二柱门夹垄灰有脱落，油饰也有损坏。陵寝门、配殿、宫门、朝房以及神厨库等建筑的脊根、檐瓦俱做不如式，有渗漏。东配殿望板脱落，是因为灰背被雨水浸透，以致望板糟朽，均应揭瓦。明楼、大殿、神道碑亭的脊根、檐瓦虽然也做不如式，但现在还没有渗漏的痕迹，应该列为缓修。

长麟等人把他们查看的结果详细记录下来，上奏给嘉庆帝，并且在奏折里写有建议：宫门以内各建筑应于今冬购料，来春兴修。宫门以外的朝房、神厨库等建筑应在嘉庆十五年（1810）兴修。另外，他们还奏报昌陵的营房、堆拨房等也间有渗漏，墙垣也有闪裂之处。同时，他们请求派遣二、三员大臣前去勘估维修所需钱粮，早做安排，以便备料。

嘉庆帝接到奏折后，经过仔细思考后认为，太平峪工程之所以出现如此严重的问题，都是那些承办官员丧失良心，因此就出现了集体性的营私舞弊、假公济私、侵吞公款事件，致使工程出现偷工减料、慢怠施工等问题，无论于情、于礼、于法，都是可恨至极。然而，虽然嘉庆帝对于这些承办陵寝事务的官员憎恨到了极点，但他还是比较

理智地处理此事，他把当年承办工程各员分为三等罪，即承修地宫内外及穿堂以内各工者列为一等罪，承修方城、二柱门、琉璃花门、配殿、宫门、朝房、神厨库各工者列为二等罪，承修明楼、大殿、神道碑亭不如式者列为三等罪。

为了分清责任，不冤屈涉及无辜者，他谕令长麟认真翔实调查涉案的相关官员的情况：

> 即交长麟等详查档案，将承修总办各员分析查明，并将某处系何员承修、何员总办一一注明单内。

对原承办各工人员，根据所列罪行等次，分别令其赔缴银两，责成各该管衙门将所缴赔银交到广储司银库。

为了做到不打击到无辜者，但也不放过那些有罪行之人，嘉庆帝特意对长麟等人叮嘱道：

> 务当确查明确，不可稍有疏漏。

嘉庆帝在处理原承办陵寝事务官员的同时，也同意了长麟等人的分期分批维修陵寝的建议，但此时的他，则更注重地宫的安全，尤其是地宫是否坚固、渗水。

为什么嘉庆帝这么注重地宫的质量呢？

原来，嘉庆十二年（1807）三月初九日，他就利用谒陵之便，曾亲自到地宫查看，当时见到地宫内土性燥洁，工程亦俱坚固，还很是满意，竟然一时在感情上认为，盛住管工时办事还能用心尽力，对从前盛住坏透顶的印象多少有了点好转。但没有想到的是，从去年到现在才一年多的时间，地宫存在的问题竟然已经到了如此严重的程度。想到这里，嘉庆帝感到后怕，但他还是比较冷静地面对现实，为了查找到事故的真正原因，经过仔细分析后，嘉庆帝向长麟等人发出了建议性指令：

> 此时石门内外潮湿之处最关紧要，自应赶紧修办。但伊等只称潮气内扑之故系由穿堂做不如式所致，而于第四石门内右边石块微潮及铜上槛有浆痕十数道应如何修理之处并未议及，是否将穿堂拆盖之后，即可一律干燥，永远无虞，抑尚有另须讲求之处。著长麟等再行悉心体察，妥议办理，不可轻怠。

在这道谕旨中，嘉庆帝在表示严重关切的同时，也对长麟等人说的地宫渗水现象产生的原因，表示出了怀疑的态度。他认为地宫里面的潮湿不大可能是内潮气外出所致，地宫里发现的潮湿问题的症结不在穿堂，更不可能是穿堂盖的式样不符合原设计造成的。其真正原因，可能是其他因素。

其实，根据现在的生活常识可以知道，太平峪陵寝地宫出现潮湿现象，很可能与季节有关系。嘉庆帝亲自查看地宫时的季节是农历三月初九日，阳历则是四月份，这个季节正是北方春季多风干旱少雨的月份，气温温和，空气干燥，埋入地下的地宫温度也是温和的，里面的空气相对也是干燥的。而长麟等人查看地宫的季节，正是北方阴雨

连绵的农历七月，属于高温多水的雨季，并且还是刚下过几场大雨之后，空气中湿度很大，地面温度高且闷热，地宫里的温度相对较低，空气里面的水蒸气和地宫周围里面土壤的水分遇冷，地宫里面的墙壁等处必然要结成水珠，这是完全正常的自然现象。由此可见，由于自然常识的匮乏，那时候的人们对此现象不明真相，很可能误以为是工程质量差、工程失误所造成的渗水。

嘉庆帝在处理地宫问题的同时，也按照长麟等人的奏请，派出了东阁大学士禄康、吏部尚书邹炳泰、户部右侍郎英和、兵部右侍郎周兴岱四人前往太平峪陵寝勘估维修建筑钱粮。并特别指令维修工程的工作，具体施工由长麟等人负责办理，并再次强调工程重点是地宫：

> 务须即将石门内潮湿缘由先行详查，妥议办理，以期永臻坚洁。

为了引起承修大臣的足够重视，令他们能做到真正的尽心尽力，使自己的地宫能够达到坚固、干洁的最终目的，嘉庆帝特意给长麟等人施加了巨大的精神压力：

> 朕明年恭谒西陵，即当亲临吉地阅视。此后每年二阿哥、三阿哥派往致祭，亦可轮流敬谨查看，伊等不可不慎重办理，总期地宫内外一律十分完整，勿再草率干咎。

嘉庆帝为了地宫的安全，明确告诉长麟等人，他明年将亲自到地宫查看，而且今后每年都会派他的两个儿子到那里祭祀，这样就可以轮流查看地宫情况，你们一定要谨慎办理这次地宫的事情。其目标就是要让地宫内外干燥整齐，不要再出现其他的工程问题了。

由于嘉庆帝对地宫的态度这么严厉明确，作为承修大臣的长麟等人，自然不敢慢怠，经过考察、商量，对于地宫内地面潮湿，结成水珠，铜上槛有白浆痕一事，长麟等人的解决方法是：石门外穿堂东西槛窗不糊纸，改用铜幔，外面安装雨搭，早晨捲起，傍晚放下，使郁蒸之气得以透风，则石门内外可以干洁。对于长麟等人想出的这个主意，嘉庆帝也暂无更好的方法，只得认可同意：

即照长麟等所议办理。

虽然长麟等人提出了解决办法，但即使这个方法奏效，也只能解决第一道石门内外的潮湿结珠问题，解决不了第四道石门内石块潮湿和上槛有白浆痕的问题。在万般无奈之下，嘉庆帝提出了他自己想出来的一个静观一年期限的临时办法：

著禄康到工后，传谕多庆于本年冬至二阿哥诣祭时，派令内监敬启木门，将石上微湿之处揩拭洁净，并用高梯、高凳，将铜槛湿浆各痕一律拂拭干洁，俟来年七月二阿哥诣祭，覆加查勘，是否仍有潮湿痕迹，再为定夺。

嘉庆帝的意思是说，等禄康这个人到太平峪工地后，让多庆在冬

至这天二阿哥祭祀的时候，跟随内侍太监到地宫里面，将石门上潮湿的地方等擦拭干净，并利用登高工具，将石门高处的铜槛也擦拭干净，然后等明年七月份二阿哥再来祭祀时，再进入地宫查看。

嘉庆帝的这个办法，真的是无奈之举，与其说是办法，还不如说是先放着看看地宫质量是不是真的有问题。

在官方档案《清实录》的记载中，确实记载有嘉庆十四年（1809）七月十五日"中元节"命皇二子旻宁祭孝淑皇后陵，但却没有查看地宫的记载。其他的清宫档案中也未找到有关记录。根据分析，旻宁的那次祭奠活动，肯定会查看地宫渗水情况的。估计情况不大严重了，甚至以前的那些情况已经消失了，所以官书和档案中就没有给予记载。

经过嘉庆帝的正式批准，太平峪陵寝工程的这次大修共分两期进行。

第一期工程是嘉庆十四年（1809）进行的，所维修的建筑有：穿堂一座三间；二柱门一座；琉璃花门三座；配殿二座各五间；宫门一座五间，俱揭瓦头停（即将屋顶揭开，更换部分糟朽木件，重新抹背、瓦瓦）；穿堂两边添安两搭各三间。方城台面、穿堂两边地面俱提溜拆墁。销算工料银一万九千八百八十八两六钱九分五厘。

第二期工程是嘉庆十五年（1810）进行的，所维修的建筑有：东西朝房二座各五间；神厨一座五间；神库二座各三间。俱揭瓦头停，照旧油画。销算工料银一万五千七百三十二两八钱五厘。

因此，总计两年时间的这次维修工程，共销算工料银三万五千六百二十一两五钱。

嘉庆十六年（1811）三月，嘉庆帝派吏部右侍郎玉麟、礼部右侍郎哈宁阿、刑部左侍郎朱理率领司员按照所修丈尺做法细册，详细丈量查验，完全相符维修要求，工程验收完全合格。

　　至此，嘉庆帝的太平峪陵寝才算是正式完工。但是，这次大规模维缮工程中，虽然明楼、隆恩殿、神道碑亭做法也不符合设计要求，但因未发现有渗漏现象，因此被列为缓修之列。然而，当十多年过去之后，嘉庆帝遗体将要入葬地宫的时候，人们再次发现，太平峪陵寝又出现了严重的质量问题。

第五章

为死者忙碌着

　　嘉庆帝意外死在了北京城之外，于是他的遗体如何运回北京成为当时最重要的国事。经过繁杂的各项礼仪，嘉庆帝的遗体终于回到了北京，在北京又经过了各项礼仪，最终被运到墓地，并被安葬在地宫内与早亡的皇后合葬。

一、遗体回北京

嘉庆二十五年（1820）七月二十五日晚上，嘉庆帝猝死于避暑山庄，因为他的死属于偶然，人们对此毫无准备，显得一片慌乱。在忙乱中，嘉庆帝的三十九岁的皇二子旻宁于当日晚上就即位当上了皇帝，已是嗣皇帝的旻宁还算是比较镇定，有条不紊地指挥着皇室成员、王公大臣等十人办理嘉庆帝丧仪事项。

道光帝朝服像

131

当时，为了顺利办理嘉庆帝的丧葬，其首要任务是将嘉庆帝遗体恭送回北京，而这对于当时的人们来说，却是一项艰巨的"大工程"。因为嘉庆帝是唯一死在京城之外的皇帝，而且避暑山庄又远离京城数百里，如何能把遗体安全、快速地运送回北京，首先必须先将嘉庆帝遗体装入棺椁。旻宁认为作为帝王的棺椁，"梓宫为万世闷藏之器"，因此，当时避暑山庄内并没有适合嘉庆帝遗体使用的棺椁。但旻宁想起京城里预备有这样的棺椁，于是他以六百里特急谕令，饬令驻守北京的王公大臣、内务府等官员，立刻将棺椁运送到避暑山庄。怕路途上不好运送棺椁，他还在谕旨里特意指示，将棺椁拆开，用毡毯等物包裹以免损坏。对此，旻宁的谕旨是这样说的：

> 京城原有预为储备者，著留京王大臣、内务府大臣即委妥员设法运送前来。饬令昼夜行走，能早一刻务赶紧一刻，即将帮盖底拆开，用毡包裹，俟到此间再行合成，均无不可。总以迅速为要，万勿刻迟。

并谕令其三弟绵恺、五弟绵愉迅速来避暑山庄守灵。与此同时，旻宁谕令礼部、工部侍郎、太常寺卿、光禄寺卿等一些官员，立刻赶到避暑山庄办理丧仪。为了嘉庆帝遗体棺椁回北京路途上的安全、平稳，旻宁下令直隶总督方受畴，将嘉庆帝遗体棺椁所要经过的路上的芦殿、桥梁、道路等都快速修整完好。

嘉庆帝是七月二十五日戌刻死的，死后不久，他的遗体就进行了小殓。据《宣宗成皇帝实录》记载，其小殓过程大致为：在避暑山庄的第二道宫门外至丽正门外，陈设法驾卤簿，在第二道拱门的左侧建丹旐栻，设几筵。旻宁率皇子及王公大臣行敛奠礼，并以依清旷（后来的四知书屋）东值房为倚庐，席地寝苫。之后，每日早晚都在几筵前上香两次，供膳三次，至启奠礼，都是恸哭不止。

七月二十七日，留守北京的王公大臣回奏说，在内务府的库房中找到了一口乾隆年间制作的楠木棺椁，并且按照规定要求打包，且于当日午时起运避暑山庄。

七月三十日，准备装殓嘉庆帝遗体的棺椁运到了避暑山庄。于是，决定八月初一日辰时举行大殓礼。

虽然嘉庆帝死于京城之外，但是由于大殓礼是皇帝葬仪中极为重要的一项礼仪程序，因此，嘉庆帝的大殓礼还是要按照礼仪规制举行的。

八月初一日，旻宁在避暑山庄的烟波致爽殿为大行皇帝举行了大殓礼。其礼仪程序为：在第二道宫门外，由銮仪卫陈设法驾卤簿，在澹泊敬诚殿内正中，由工部、内务府官员摆设黄布幔帐、供床、供案、香几、木几、香鼎、花瓶、烛台等奠献所需陈设。届时，旻宁恭视嘉庆帝遗体由烟波致爽殿升吉祥轿，然后他跪在台阶下恭送。在澹泊敬诚殿后檐下大殓，将遗体放入棺椁后，奉安于澹泊敬诚殿内，大殓礼成。将大殓礼过程记录下来，奏明在北京紫禁城的孝和睿太后。

与此同时，旻宁还多次催令抓紧加宽、修垫桥梁道路，但由于工程量巨大，且连日暴雨，只能是日夜加班施工。八月初五日，旻宁在澹泊敬诚殿内的嘉庆帝灵前，向天下颁布了大行皇帝的遗诏，并举哀致奠。虽然道路还没有修整好，但此时的旻宁归心似箭，希望能早日回到北京。于是在八月初九日决定：十二日奉移嘉庆帝棺椁回京。

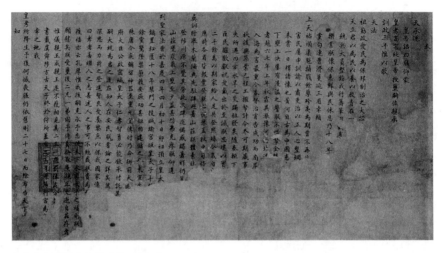

嘉庆帝在避暑山庄留下的"遗诏"

启行前一日，行启奠礼，陈设几筵二十一席，酒十一瓶。

八月十二日，卯时，嘉庆帝棺椁正式开始奉移北京。

嘉庆帝棺椁奉移过程，可以说是兴师动众，规模庞大，礼仪烦琐。据《清朝野史大观》《清宫旧闻》记载，嘉庆帝的棺椁放在一百二十八人的大杠之上，沿途停宿十次，每次分六十班轮流换班，每班次有押杠官四人，由少卿科道以下、主事以上官员担任。同时，还设有旛杠一份，沿途分三十班次，每班次由部员官四人、包衣官四人负责监管。但对于这次奉移行动来说，最为重要的是礼仪程序。因此，从避暑山庄到北京这一路上，其大致行程礼仪是这样安排的：

五鼓，銮仪卫设法驾卤簿，工部陈大升舆于正丽门外。惇亲王、瑞亲王、惠郡王、皇长子率官校入澹泊敬诚殿，撤黄幔素帏。礼部堂官恭请旻宁诣梓宫前哭，祭酒三爵，每祭行一拜礼，众传哭。随叩毕，恭礼丧仪王大臣、工部、銮仪卫率执事官抬进小舆，将梓宫由中门移出。齐集的文武百官跪哭，旻宁由左门出，跪候梓宫登舆，礼部堂官祭酒三爵，行三叩礼，焚楮钱五千张。旻宁步行送灵架启行。骑架卤簿前导。恭礼丧仪王大臣、礼部、工部、内务府、銮仪卫官属夹道巡行，豹尾班持豹尾枪，侍卫佩仪刀、弓矢等扈从。各官按品级身份随行，校尉按班升舆及更换班。旻宁乘舆由间道赶往宿次备用城祗候。沿途包衣扬撒楮钱。凡经过门、桥，皆由内大臣轮班祭酒。灵架启行回京途中，旻宁每日黎明亲诣芦殿行朝奠礼，跪送梓宫启行。灵架回京计程十日，其路线仍是历年秋狝所经御道，驻跸行宫依次是：喀喇河屯、王家营、常山峪、两间房、巴克什营、要亭、密云县、怀柔县、蔺沟、清河。

经过十天的艰难跋涉，八月二十二日，嘉庆帝的棺椁经过安定门来到了东华门，旻宁亲自在这里恭引棺椁到景运门外，跪视嘉庆帝棺椁由大舆改升小舆，入乾清宫正中处停灵。二十三日，举朝上下行殷奠礼，陈设几筵二十一席，酒十一瓶。并决定从这一天开始到九月十六日大祭礼止，每天在几筵前献奠三次，早以辰初三刻；午以午正一刻；晡以申初三刻，自旻宁以下，王公百官皆齐集举哀。

从嘉庆帝死到其棺椁运回到北京停灵，用了十八天时间，终于以棺椁安奉到北京而暂告结束。紧接着则是一系列烦琐的祭奠礼仪活动。

九月初六日，东阁大学士托津等人，将拟定的大行皇帝山陵的六个陵名上奏给道光帝，道光帝在"昌、康、穆、惠、熙"五字中，圈定了"昌"字。自此，嘉庆帝的陵寝名称为"昌陵"。于道光元年（1821）二月二十六日嘉庆帝入葬前，镌刻了昌陵明楼朱砂碑上的文字。

昌陵朱砂碑

　　九月初十日，嘉庆帝的棺椁又被奉移到了景山观德殿殡宫停放，同时，设几筵，每日仍三奠。

　　九月十一日，行初祭礼，陈设几筵八十一席，酒四十一瓶；十二日绎祭礼，陈设几筵十一席，酒五瓶。自十一日起至次年三月十一日止，在景山东门外设立经棚，喇嘛、和尚按例念分例经八次，供品、斋食照例预备；之后，则继续令这些人轮流念经，直到嘉庆帝棺椁奉移日止，应用供品、斋食等均照常供应。

九月十六日，行大祭礼，陈设礼仪均与初祭同。次日绎祭礼，与十二日绎祭同。

九月十七日，午时，按照规定对嘉庆帝棺椁漆饰四十九遍，就等着入葬西陵的昌陵地宫。

九月二十五日，行二满月礼，陈设几筵十一席，酒五瓶。自三满月至七满月致祭礼均如之。

十一月初三日，行百日礼，陈设几筵二十五席，酒十三瓶。

十一月十三日，行冬至礼，陈设几筵三十一席，酒十五瓶。

十二月二十九日，行岁暮礼，陈设几筵与冬至礼相同。

道光元年（1821）三月初四日，行清明礼，陈设几筵二十五席，酒十五瓶。

三月初九日，行祖奠礼，陈设几筵三十一席，酒十五瓶。

嘉庆帝棺椁在北京停灵期间，已是嗣皇帝的旻宁，于嘉庆二十五年（1820）八月二十七日，在北京紫禁城的太和殿举行了规模盛大的登基大典。大臣拟定了四个年号“绍德”“建恒”“道光”“智临”，旻宁朱笔圈定了“道光”二字，于是宣布新年号为“道光”，以次年为“道光元年”。

由于苏楞额等大臣奏报，嘉庆帝的昌陵有需要修饰的地方，于是旻宁令户部支出十万两库银，令于九月初四日辰时，对昌陵进行修饰兴工，并加盖守护人员使用的房屋，要求在道光元年（1821）二月完工，以便嘉庆帝棺椁早日安葬地宫。

嘉庆二十五年（1820）十月初四日，道光帝颁布谕旨，任命了昌

陵的守护大臣，以此对昌陵加强管理和保护：

> 守护昌陵领侍卫内大臣一员，著派景安；尚书二员，著派苏
> 楞额、李奕畴；都统二员，著派扎拉芬、庆溥；散秩大臣二员，
> 著派棍布扎布、西拉布；侍郎二员，著派阿明阿、叶绍楏；副都
> 统二员，著派永祚、富英阿。钦此。

随着昌陵安全防护的增强，预示着它的真正墓主人即将到来了。

二、关闭石门

在北京，经过一系列的精心准备活动，嘉庆帝棺椁奉移太平峪陵寝的日期就定在了道光元年（1821）三月十一日。在奉移前的一个月，道光帝派出了自己亲信王大臣、侍卫到太平峪陵寝驻守，并且将沿途经过路线分为六段，每段均设有停宿所需的棺椁芦殿，在芦殿周围绕以幔城，作为休息的场所。预先确定引导龙辀入地官的人员。还要提前派官员告祭天地、太庙、奉先殿、社稷等诸神。这些烦琐的系统工作，不但需要办理丧仪大臣的统一指挥，还需要其他各相关职能部门的默契配合，而且道光帝还要亲自参加。由此可见嘉庆帝的丧葬礼仪场面的壮观和隆重。

道光元年（1821）三月初十日，即嘉庆帝棺椁奉移山陵的前一天，行启奠礼。

　　三月十一日，开始正式奉移嘉庆帝棺椁。銮仪卫陈设全套法驾卤簿；在观德殿台阶下，工部册宝黄亭；礼部、内务府大臣恭请嘉庆帝的香册、香宝奉于亭内；在观德殿大门外，工部官员带领着八十人抬大舆和三十二人抬小舆等候随时调用。

　　当时，按照礼仪规定，有资格参加奉移棺椁的人员根据身份等级站在相应的地方等候。有资格在大内行走的王大臣在大门内东旁排列会集，王以下、满汉三品大臣以上，蒙古王、台吉等闲散宗室觉罗并三旗包衣、浑托和等，在大门外东旁排列会集；四品官以下有顶戴官以上，及年老不能步行的大臣官员，均在城外关庙内会集等候。

　　对于嘉庆帝棺椁的奉移过程，其大致过程是这样的：

　　棺椁奉移行动之前，嘉庆帝的孝和睿皇后身穿丧服到棺椁旁边行三奠酒，然后率领着道光帝的孝慎成皇后及内廷主位等人，在观德殿内一起跪拜哭丧，之后，在嘉庆帝棺椁启动前半个小时，出景山东角门经地安门，先到第一个宿次地点等候嘉庆帝棺椁的到来。道光帝身穿丧服，在礼部堂官的恭引下到嘉庆帝棺椁前祭酒三爵，每祭一次行一拜礼。之后，负责办理丧仪的王大臣、礼部、工部、内务府、銮仪卫大臣等人，率领官员带领三十二人抬小舆，将嘉庆帝棺椁奉移到小舆上。道光帝提前来到大门外东侧等候，当嘉庆帝棺椁出来时跪迎，目视棺椁由三十二人抬小舆改换成八十人抬大舆，礼部堂官祭奠大舆，行三祭三叩礼，焚烧楮钱后，摆放着嘉庆帝棺椁的大舆启行，銮仪卫拿着卤簿等随行。出城门后，八十人抬大舆再改换成一百二十八人抬大舆。

　　随着嘉庆帝棺椁的启行，道光帝跟随在棺椁的左侧步行，在地安门外台阶下，跪候棺椁通过。道光帝乘坐轿子改走另外道路提前抵达

棺椁停灵休息第一站芦殿备用处。已经确定看守北京的诸王大臣等官员，跟随着道光帝来到城外的关庙外，按照等级排成两排，跪迎棺椁一起举哀后，各自回归北京。那些伴随棺椁护驾的王公大臣，在关庙外换班时，改成骑马随行。太监每班十人，侍卫每班二十人，也均轮换班。每次换班的时候，随行的王大臣、侍卫、太监等，都必须下马跪候换班，然后在原地上马随行。此后，豹尾枪侍卫、护驾侍卫、王公大臣等依序随行。所途经的城门、桥梁等，均派内大臣轮班祭酒三爵，每祭时候，均行一叩礼，焚烧楮钱。

当嘉庆帝棺椁快到芦殿时，道光帝跪在具有保护作用的黄布城后门外东旁边，举哀等候棺椁通过并随行。末班随行的文武大臣提前从别的路先行前往黄布城北门外按照身份等级排列，举哀跪迎棺椁通过后，再到黄布城两旁墙外至大门外排列站立。随行的法驾卤簿排设大门外，嘉庆帝棺椁奉安到芦殿内，将嘉庆帝册宝等陈设棺椁的左右，陈设果品桌于棺椁前。道光帝行夕奠礼，祭酒三爵，每祭一次，行一拜礼，众大臣随着行礼举哀。

嘉庆帝棺椁启行的第二天，陈设骑架卤簿随行。途中，道光帝每日早晚都要到芦殿内对嘉庆帝棺椁行朝奠礼，祭酒三爵，每祭一次，行一拜礼，其他众大臣也随着行礼。焚烧楮钱后，令骑架卤簿在棺椁前面引导前行。道光帝跟在棺椁旁边随行。嘉庆帝的孝和睿皇后、道光帝的孝慎成皇后及内廷主位，在嘉庆帝棺椁启行前进入芦殿东北门瞻仰棺椁。嘉庆帝棺椁启行前半个小时，先派人到第二停灵宿地，每晚停止进谒。且芦殿前点香灯及殿门前各站立十名太监，殿内太监轮班做更守护，等待香灯熄灭时，将取暖用炉内的火取出来熄灭。芦殿后门也派二十名太监看守围墙。内外预备激桶八个，每日令各旗抬到停宿地，每夜令地方官在芦殿周围设大水缸，里面盛放清水，用以防火之用。沿途百里内地方文武官员，在路右侧百步之外跪迎嘉庆帝棺椁，举哀等候通过后，随行到停灵宿地黄布城外，行三跪九叩礼。给棺椁上贡品时，文职官员在蓝旗之末，武职官员在镶蓝旗之末，随班行礼举哀。孝和睿皇后来后，不受时间限制，随时可以到芦殿内奠酒祭拜。

十六日，道光帝来到了古解村大营，更换素服，冠缨纬，拜谒西陵的泰陵、泰东陵。行礼毕，道光帝在昌陵更衣幄次，换龙袍龙褂，到隆恩殿孝淑睿皇后神位前，行加上尊谥礼。礼成后，仍换回缟素丧服，回到大营行夕奠礼。

十七日，嘉庆帝棺椁来到了西陵。西陵的所有官员、员役等，除了值班人员外，其余的王、贝子、大臣、侍卫官员、包衣佐领、拜唐阿等，均到石牌坊外举哀跪迎嘉庆帝棺椁。道光帝行朝奠礼后，先到大红门内幄次迎候。工部预备了棕荐，太常寺设置了拜褥。当嘉庆帝棺椁到大红门外的时候，道光帝出幄次在大红门门外跪迎，在嘉庆帝棺椁旁稍后的拜位上，恭代嘉庆帝向祖陵行三跪九叩礼后，嘉庆帝棺椁才继续启行。道光帝在旁边，亲自引导棺椁上了神路至泰陵圣德神功碑亭。这时候，道光帝抢先一步赶到昌陵五孔拱桥恭候，等棺椁到后再次亲自引导到三孔拱桥，跪视棺椁换上小舆，候过随行。法驾卤簿自大红门起迎设，待骑架卤簿到时，各在本处同时下马，至龙凤门内。自三孔拱桥排设至隆恩殿大门外止。棺椁从宫门中门入，奉安在隆恩殿内。道光帝临时回避在几筵后，嘉庆帝册宝分列棺椁左右。道

光帝到棺椁前祭酒三爵，每祭行义拜礼，众大臣也随之行礼后，均回行营。道光帝遣官告祭昌陵后土之神、永宁山之神。

十八日，行享奠礼。法驾卤簿全设，工部、礼部设冠服筐于供床上，在隆恩殿内稍西的地方设祭文案，正中设果桌，殿前的月台两侧摆放很多供桌，隆恩门内东侧支搭凉棚，在神道碑亭前（南）的空地处设楮桌。行礼时，读祝官提前捧着祭文与礼部堂官两个人一起由隆恩门的中门进入，将祭文供奉在案桌上。惇亲王、瑞亲王、惠郡王、皇长子、御前王大臣等站立在月台前的丹陛石旁边，王以下、入八分公以上站在隆恩门外的月台上，内大臣、侍卫等站在隆恩门外的月台下。未入八分公及满汉文武官员按照身份等级排列在东西朝房前。在隆恩殿内，道光帝站在嘉庆帝棺椁的东侧，面向西举哀。尚茶、膳、酒官员读祭文致祭。道光帝致祭后回行营休息。执事官将冠服、楮钱、色楮各三万及骑架卤簿一同焚烧。享奠礼成。

二十二日，行迁奠礼，读文致祭。

二十三日午刻，嘉庆帝棺椁正式入葬昌陵地宫。先期派遣官员在北京告祭天地、太庙、奉先殿、社稷。行朝奠礼后，在方城前的芦殿内，将嘉庆帝谥册宝及孝淑睿皇后旧谥册宝和新谥册宝供奉在棺椁前的供桌上。道光帝从宫门的东门进入隆恩殿，在棺椁前跪拜恸哭。祭酒三爵，每祭行一拜礼。之后，道光帝目视棺椁安奉在进入地宫专用车龙辀上，亲自在前面引导装有棺椁的龙辀，执事者奉龙辀由轨道进入地宫，两名太监执灯在前面，预先确定好的王公大臣等官员随行，敬视嘉庆帝棺椁安奉在地宫金券宝床上，算是与先期入葬地宫的孝淑睿皇后合葬。执事者将龙辀由轨道退出，工匠人等封闭石门。大葬礼成。

仁宗睿皇帝谥宝文

之后，道光帝在幄次内更换龙袍龙褂，进入隆恩殿内行题神主（死者神牌）礼、虞祭礼，同时，以山陵礼成，遣官员告祭泰陵、泰东陵、昌陵后土之神和永宁山神。等隆恩殿内恭题道光帝、孝淑睿皇后神主、虞祭礼成后，嘉庆帝的大丧礼才算是最终结束。

在嘉庆帝棺椁入葬前的三月十五日，昌陵的明楼、隆恩殿、隆恩门（宫门）悬挂斗匾。悬挂斗匾的前一天，道光帝遣官告祭嘉庆帝，并设几筵。昌陵的三块斗匾和明楼上的朱砂碑及神道碑亭上的汉字，均为道光帝御笔亲写。

自道光元年（1821）三月二十三日嘉庆帝遗体入葬昌陵后至今，昌陵地宫再也没有被打开过，其地宫里面，一直安睡着嘉庆帝和他的孝淑睿皇后。

昌陵明楼斗匾

昌陵隆恩殿斗匾

昌陵隆恩门斗匾

另外，昌陵地宫内藏有多少陪葬物，目前尚未发现相关的档案记载。

三、合葬的那女人

在昌陵地宫里，与嘉庆帝陪葬的是他的原配皇后孝淑睿皇后，孝淑睿皇后是嘉庆八年（1803）十月入葬昌陵地宫的，比嘉庆帝入葬早二十四年。根据清宫档案记载，现将孝淑睿皇后的生平简单叙述如下。

孝淑睿皇后，喜塔腊氏，正白旗满洲，原任总管内务府大臣、副都统和尔经额之女，生于乾隆二十五年（1760）八月二十四日辰时，与颙琰同岁，但比颙琰早四十二天出生。经乾隆帝指婚，于乾隆

三十九年（1774）四月二十七日，喜塔腊氏与乾隆帝皇十五子颙琰喜结连理，当时新娘、新郎都刚十五岁，从此喜塔腊氏成了颙琰的嫡妃，也称"嫡福晋"。乾隆四十五年（1780）四月三十日子时，喜塔腊氏生皇二女，乾隆四十七年（1782）八月初十日寅时，生皇二子旻宁，即后来的道光帝。乾隆四十九年（1784）九月初七日申时生皇四女庄静固伦公主。嘉庆元年（1796）正月初一日，颙琰即皇帝位。正月初三日以翌日册立皇后，遣官告祭天、地、太庙、社稷，嘉庆帝亲诣奉先殿行告祭礼。正月初四日午时，嘉庆帝奉太上皇帝之命，遣东阁大学士王杰为正使，礼部右侍郎多永武为副使，持节赍册宝，册立皇太子妃喜塔腊氏为皇后。正月十三日，奉太上皇帝之命，赏给皇后之兄盛住一等承恩侯。二月二十八日追封皇后之父、原任副都统和尔经额为三等承恩公，母亲王佳氏为公妻一品夫人，祭一次，建碑修坟如例。

孝淑睿皇后朝服像　　　　孝淑睿皇后谥宝文

本来，自己的夫君当上了皇帝，成为天下最尊贵、最有权力地位的人，自己也被立为母仪天下的皇后，这对于女人来说，正是日子走上了正轨，好运刚刚开始。可是，对于喜塔腊氏来说，她却无福享受这一切的美好，嘉庆二年（1797）二月初七日未时，她因病死去，当时年仅三十八岁。她死后的当天，遗体就从景仁宫被移送到紫禁城外的吉安所。

当在圆明园的嘉庆帝听说皇后薨逝后，立刻赶回皇宫，亲自到吉安所为皇后奠酒。为了处理嘉庆帝皇后的丧事，当天，乾隆帝发布了一道敕谕：

> 本日未刻嗣皇后薨逝，所有应行典礼原当照例举行，但皇帝侍奉朕躬，而臣民等亦皆礼统于尊，著改为辍朝五日，皇帝穿素服七天，遇有奠醊，再行摘缨，俟目送奉移静安庄后，皇帝即换常服，回圆明园；皇帝之皇子、公主、福晋及派出孝之王公、阿哥等，均照例成服。所有王公大臣及官员、兵民人等俱素服七日，不必摘缨，照常剃发。并著派怡亲王永琅、总管内务府大臣盛住、礼部侍郎铁保、工部侍郎成德总理丧仪。其余典礼，著各该衙门察例办理。

从乾隆帝谕旨中可知，嘉庆帝的皇后被称为"嗣皇后"，这也是清朝唯一被称为"嗣皇后"的皇后，其原因是当时乾隆帝尚在，仍大权在握，因此作为太上皇帝的乾隆帝，对嘉庆帝的皇后丧事做了具体安排。通过与《大清会典》中关于皇后丧仪的规定和以前皇后的丧礼实

例对比发现，嗣皇后在丧葬仪式上明显降低了规格。为什么会出现如此情况呢？对此，乾隆帝是这样解释的：

> 所有应行典礼原当照例举行，但皇帝侍奉朕躬，而臣民等亦皆礼统于尊。

而嘉庆帝的解释则为"皇后册立甫及一年，母仪未久。且昕夕承欢，取诸吉祥"，以表明"崇奉皇父""专隆尊养"之至意。

说得简单一点就是，如果按规定办理丧事，举国同悲，隆重排场，那么就会置太上皇帝的权威和地位于下风，会给人一种眼里没有太上皇帝的感觉。因此，一切礼仪活动都应该以太上皇帝为中心，处处要取吉利，处处要考虑太上皇帝的感受和对他的社会影响，以博得太上皇帝的欢心。至于嘉庆帝所说的"皇后册立甫及一年，母仪未久"，当然，这只是一种很知趣的托词借口。要知道，孝淑睿皇后与嘉庆帝朝夕相伴二十三年，相亲相爱，并生了一男二女，特别是生了皇二子旻宁，可谓功劳不小。但对于高高在上的太上皇帝乾隆帝来说，任何人和事情，都不能高于自己的权威，有他在世的话，哪怕是应该按照规制事例的事情，此时也都要降低规制、缩减规格。作为嗣皇帝的嘉庆帝对此也是无可奈何，只能含悲忍痛，强作笑颜。即使这样，虽然嘉庆帝对太上皇帝乾隆帝没有表现出丝毫的不满情绪和异常举动，但乾隆帝还是对嘉庆帝有所防范，担心嘉庆帝在背后对自己这样对待孝淑睿皇后事宜不满意，或者有什么怨言，做出一些当面一套背后一套的事情来。于是，在暗地里，他曾多次派和珅偷偷地监视嘉庆帝的言行举动。好在嘉庆帝是成大器之人，无论是在乾隆帝面前还是背后，他的言行都是那么坦然、小心和谨慎，和珅自然没有抓住任何把柄，只能如实汇报，因此，乾隆帝对于嘉庆帝的"仁孝"简直是满意极了，也放心了。由此也可以看出，嘉庆帝在乾隆帝当太上皇帝这段时间内的"小不忍则乱大谋"意识的忍耐，是多么令人难以体会的艰难。

由于喜塔腊氏的棺椁停放在吉安所，二月初八日、初十日、十一日，嘉庆帝连续三次亲自到吉安所皇后棺椁前奠酒。二月十三日卯时，喜塔腊氏棺椁奉移静安庄殡宫，这一天，嘉庆帝亲自到吉安所目送。喜塔腊氏棺椁到达静安庄殡宫以后，开始漆饰棺椁，共漆饰四十九次。二月十八日为初祭礼，嘉庆帝命皇二子旻宁到殡宫行礼。二月二十五日为大祭日，嘉庆帝亲自到静安庄殡宫皇后棺椁前奠酒。二月二十七日，太上皇帝亲赐谥喜塔腊氏为"孝淑皇后"。五月二十日巳时，在静安庄殡宫举行册谥礼，以庄亲王绵课为正使、质郡王绵庆为副使，册谥喜塔腊氏为"孝淑皇后"。因为当时昌陵尚未破土兴建，所以孝淑睿皇后棺椁只能长期停放在静安庄殡宫。

嘉庆帝亲政以后，于嘉庆四年（1799）四月十三日，嘉庆帝晋封孝淑睿皇后之兄盛住由一等承恩侯为三等承恩公。五月二十三日，追封孝淑睿皇后的曾祖父原任员外郎爱星阿、祖父拜唐阿常安为三等公，曾祖母王佳氏、祖母李佳氏为公妻一品夫人，祭一次，按照规制建碑修坟。

嘉庆八年（1803），昌陵主体建筑基本建成后，嘉庆帝决定将停放在殡宫多年的孝淑睿皇后棺椁葬入陵寝地宫，以便使其入土为安。同年七月十四日，嘉庆帝任命和郡王绵循，兵部尚书长麟、戴衢亨，兵

部右侍郎那彦宝、工部右侍郎明德会同礼部恭办奉安孝淑睿皇后典礼。嘉庆八年（1803）十月十一日，因为孝淑睿皇后梓宫翌日就要奉移山陵，于是嘉庆帝亲自到静安庄殡宫奠酒。十二日，嘉庆帝又亲自临送。他注视着渐去渐远的孝淑睿皇后梓宫，想到这位结发之妻自十五岁嫁给自己，二十多年来，淑慎贤明，生儿育女，立为皇后不久就玉碎花消，百感交集，思绪万千，不觉悲从中来，立成七律一首，以志哀悼：

> 永别芳型已七年，太平择地卜新阡。
>
> 考恩垂泽沐深厚，后德流徽感淑贤。
>
> 洒泪徒倾三爵酒，伤心早废二南篇。
>
> 临风追悼增哀思，廿载相依百世牵。

随同孝淑睿皇后棺椁一起奉移西陵的还有在静安庄殡宫暂安的恕妃、简嫔、逊嫔和五公主的金棺。

嘉庆八年（1803）十月十七日，孝淑睿皇后棺椁到达西陵，停放在昌陵隆恩殿内。这一天，嘉庆帝从京师启銮赶赴西陵，亲自参加孝淑睿皇后的葬礼。以十月二十二日孝淑睿皇后梓宫葬入地宫，前期三日，于十月十九日遣官告祭天、地、太庙、社稷、奉先殿。十月二十一日卯时，孝淑睿皇后棺椁前行迁奠礼毕，棺椁从隆恩殿奉移到方城前芦殿内，嘉庆帝亲自到芦殿内孝淑睿皇后棺椁前奠酒举哀。同日遣官祭后土之神、永宁山神。十月二十二日卯时，孝淑睿皇后棺椁葬入地宫，嘉庆帝亲自到地宫内临视，命皇二子旻宁在棺椁前行礼。退出，关闭木门。嘉庆帝回归北京。

按清朝陵制，皇后入葬皇帝陵地宫后，在地宫入口处安设临时性木门，既是对死者亡灵和地宫的保护，也是为了防止日久泄漏阴间地气，等待皇帝入葬后，才能撤去木门，关闭正式的地宫石门。

在这次孝淑睿皇后的奉安礼仪过程中，看似简单，但当时却发生过一次大案，致使上至郡王下至一般办事司员，多人受到严厉惩处。

原来，嘉庆八年（1803）七月，负责孝淑睿皇后奉安事宜的王大臣与礼部会商后，拟定了奉安仪注，上奏到嘉庆帝那里。嘉庆帝阅后特别恼怒，为此，他专门降下了一道谕旨：

> 易州太平峪，系皇考赐朕之吉地。自经始以来，至本年工程甫毕，而皇后在静安庄暂安，已七年之久。今地宫既成，敬仿孝贤皇后乾隆十七年从静安庄奉移至圣水峪之例，于十月内移至太平峪地宫，仍如在静安庄奉安事同一律。乃本日办事王大臣具奏事宜折内，有"掩闭石门，大葬礼成"八字，殊属粗心疏忽，不经之极。试思石门岂可闭？既闭不能复开。此吉地乃皇考赐朕之地，非赐皇后之地，若关闭石门，欲朕另卜吉地乎？朕遵皇考之旨，断不敢更易！至"大葬礼成"更不成话。王大臣等又何忍出诸口，形诸笔墨？总之朝廷之上，无实心办事之人，彼此因循将就，是朕之隐忧，刻不能去。所有办事之王大臣并礼部堂官著交吏部，会同宗人府严加议处，速议具奏。

嘉庆帝的大概意思是说，西陵太平峪陵寝这个地方，是皇父乾隆

帝赐给自己的吉地，到如今工程建筑已经基本完工，而皇后此时停灵在静安庄已经七年时间了。既然现在陵寝地宫已经完工，就应仿照乾隆十七年孝贤纯皇后奉移乾隆裕陵地宫的形式，于今年的十月将孝淑睿皇后棺椁奉移到太平峪陵寝地宫，使之依旧像在静安庄那样停放。没想到的是，办理此事的大臣在今天上奏的礼仪事情里面，竟然有安放完皇后棺椁之后，将地宫石门关闭的字样。这种现象的出现，明显是办事粗心大意、玩忽职守造成的。石门岂可关闭？关闭的话就不能再开启了。这块吉地是皇父给我的，而不是给皇后的，要是将石门关闭了，难道还要我再去选一块吉地吗？我既然遵照皇父的意思，就不会改变的。而且那句"大葬礼成"，就更不像话了，难道是想咒我早点死吗？现在朝廷上下，彼此之间都是相互搪塞了事，没有真正好好工作的人，这正是我最为担心的地方，一直不敢放松警惕。所有这次办事的大臣及礼部官员，都革职交到吏部，与宗人府一同开会研究这件事情，将意见报到我这里来。

按清朝陵制，皇后死于皇帝之前的，棺椁奉安地宫，等待皇帝死后奉安礼成才可掩闭石门。

遵照嘉庆帝的谕旨，经过开会，吏部和宗人府的意见是将参与这件事情的所有官员全部革职。三天后，文渊阁大学士庆桂将综合意见上奏给了嘉庆帝。但嘉庆帝认为，如果这些王大臣是办理坛庙事宜，出现如此严重错误，不仅要革职，而且还要交部治罪。而这次是办理孝淑睿皇后奉安事宜，只是由于照旧稿誊写而出现的错误，情有可原，可以量为宽减。因此，并没有采纳上奏意见，而是将办事大臣和官员从轻发落处理：荣郡王绵亿革去正红旗蒙古都统、管理上驷院事务、行围领矗大臣职务，罚俸六年，分十二年扣完。武英殿大学士保宁革去太子太保、领侍卫内大臣、文渊阁提举阁事、户部三库事务，仍带革职留任。礼部尚书永庆，革职留任。礼部尚书纪昀毋庸署理兵部尚书，并革去文渊阁直阁事、教习庶吉士，仍带革职留任，八年无过方准开复。军机大臣、刑部尚书德瑛革职留任。工部尚书缊布原所管的御茶膳房、畅春园、太医院、御药房、织染局等处事务，毋庸管理，仍带革职留任。礼部左侍郎扎郎阿革去经筵讲官、礼部左侍郎之职，降补内阁学士，仍带革职留任。礼部左侍郎莫瞻菉革职留任，八年无过方准开复。原江苏巡抚、署理礼部右侍郎岳起不再署理礼部右侍郎，仍以革职留任注册。礼部右侍郎关槐革去礼部右侍郎，降补内阁学士，仍带革职留任。其他承办司员，均照部议革职。

本来，这件事情算不上什么大事件，但还是有这么多官员受到了处罚，究其原因，就是他看到了朝廷上下的大臣官员均是玩忽职守，办事粗忽麻痹不认真。而且这次事件距陈德行刺事件仅相隔四个多月，上次的怒气尚未消尽，又发生了这次事件，这就不能不使他更加生气了。于是他就借题发挥，敲山震虎，利用"掩闭石门，大葬礼成"八个字用词错误，警告一下办事官员的不负责态度。而实际上，这八个字用在那里，的确性质很严重，但办事官员们竟然没有一人察觉。由于朝廷上下存在这些疲玩怠忽、敷衍粗忽的弊病，长期以来嘉庆帝时刻寝不能安。于是，这件事情使他清醒地认识到一味宽容姑息，只能越来越坏，不动真格的，难见实效，这是他动怒的主要原因，当然，也不排除借此机会更换部分办事不力的官员的用心。

道光元年（1821）三月十六日，在嘉庆帝棺椁入葬前，在昌陵

隆恩殿举行了孝淑睿皇后的加谥礼，道光帝亲自行礼，尊孝淑睿皇后谥为"孝淑端和仁庄慈懿光天佑圣睿皇后"。道光元年（1821）三月二十八日，孝淑睿皇后神牌升祔太庙。道光三十年（1850）正月二十七日，咸丰帝上谥号"敦裕"二字。咸丰十一年（1861）七月二十七日，同治帝上谥号"昭肃"二字。最后谥号全称为"孝淑端和仁庄慈懿敦裕昭肃光天佑圣睿皇后"，简称"孝淑睿皇后"。

四、如此波折的建筑

道光元年（1821）四月二十日，即嘉庆帝入葬昌陵地宫不久，道光帝就给内阁发布了一道谕旨：

> 钦惟皇考仁宗睿皇帝执中御宇，秉哲绥猷。仁德如天，普寰区之乐利；睿谋作圣，垂奕祺之典谟。巍焕功文，远超邃古。今昌陵大礼告成，应恭建圣德神功碑，昭兹来许。朕寅承大统，敬念前徽。谨于斋居之次，洒泪挥毫，撰述碑文，阐扬鸿铄，虽圣神文武，莫罄名言。而词皆征实，镌勒贞珉，足以传信万世。

在这道谕旨里面，道光帝首先夸赞了一番嘉庆帝生前的功德，然后话锋一转说道："今天昌陵大丧礼正式宣告办完，应该营建大碑楼，以示后人知晓。我敬仰（先皇）的功德政绩，只能含泪拿笔写写碑文，用以描述神武功德，流传后世。"这里所说的"大碑楼"就是官方记载的圣德神功碑亭。

按清制，先帝入葬山陵后，嗣皇帝就为其树立圣德神功碑，营建圣德神功碑亭。

道光帝发布谕令后，随即派工部尚书穆克登额、吏部尚书刘镮之为勘估大臣，设计昌陵的圣德神功碑亭规制，并估算钱粮。接到任务后，穆克登额、刘镮之便带领工程人员、书算人员，恭照乾隆帝裕陵圣德神功碑亭式样、规制尺寸，制作出了烫样，并将烫样及所写的一份奏折上奏给了道光帝。在奏折中，他们恭请遵照建泰陵圣德神功碑亭所拟定的则例方式核计钱粮，请求道光帝亲自指派承修大臣。

道光元年（1821）五月初二日，道光帝降旨四个大臣继续办理此事：

> 昌陵圣德神功碑，建置碑楼、竖立石碑工程均著交乌尔恭阿、绵恩、穆彰阿、阿克当阿四人敬谨办理。

根据道光帝的任命，昌陵圣德神功碑亭的承修大臣是郑亲王乌尔恭阿、定亲王绵恩、工部左侍郎穆彰阿、兵部左侍郎阿克当阿。其中穆克登额、刘镮之两个人，负责带领相关的工程技术人员、书算人员，对泰陵圣德神功碑亭的规制、用料、所需钱粮进行了详细的勘察估算，根据这些得到的数据参数汇总后，他们制作出了昌陵圣德神功碑亭的规制、尺寸和所需钱粮的计划和预算结果：

> 圣德神功碑二座，每座通高二丈一尺，内碑身高一丈三尺三寸，宽七尺，厚二尺四寸。贔头高七尺七寸，宽七尺四寸，厚

二尺九寸。龙跌各身长一丈六尺。担宽七尺四寸。抬头明高五尺八寸，外下入槽高三寸。连二水盘面阔一丈九尺一寸，进深一丈九尺二寸，明高一尺，俱大石窝青白石成做。水盘下豆渣石底垫二层。

重檐碑楼一座，四面各显三间。内明间面阔二丈二尺七寸，二次间各面阔一丈七尺二寸。下檐周围廊各深七尺七寸，通见方七丈二尺五寸。自地面上皮至小额枋下皮，高二丈六尺七寸五分，檐柱头露明高四尺八寸五分。外埋深五尺，径一尺八寸，通高三丈一尺六寸。上下檐十三檩。瓮门，重檐歇山，安单翘重昂斗科。内里隔井天花，满铺顺望板成造，装修四面。券洞安四抹落地明四槽，月牙窗四扇，安砌豆渣石哑巴柱顶，台基埋头大料石二层，上安青白石土衬。埋头、陡板、阶条、海墁、券脸、垂带、如意石、券墙里外拔檐等石，周围券墙二面安青白石须弥座，下安豆渣石底垫二层。券墙上身城砖灰砌灌浆，抹饰红黄灰。券洞四座细澄浆城砖。头停苫青灰背三层，瓦四样黄色琉璃瓦料。内里地面铺墁金砖。地脚刨槽下钉，筑打小灰埚灰土十一步。

擎天柱四座，每座柱身明高二丈五尺，八方，径过四尺四寸。下须弥座八方，径过八尺七寸，明高五尺二寸。上天盘带蹲龙，径过四尺八寸，高六尺七寸。四面安栏板、柱子，地伏成造，埋头、豆渣石二层。地脚刨槽下钉，筑打小夯埚灰土九步。

海墁一块，见方二十五丈，背底立墁糙城砖一层，上墁澄浆城砖一层。

前后神路青白中心石一路、牙石二路。地脚筑打大夯埚灰土二步，周围筑打护牙散水，灰土二步。

看守房一座，三间。

根据工程预算中的计划和预算，工程中所用的青白石料由北京房山大石窝采运。豆渣石由北京昌平州采运。发券并露明细砖用澄浆城砖，由山东临清烧制。新样城砖由京办运。旧样城砖在附近烧造。筑打地脚所需的黄土拟用本槽之土。如果开槽时土中有砂石，则遵照向例，从青桩外取用。琉璃瓦料、金砖咨行工部取用。所需架木，例由易州工部就近运用，不足者，行文工部领用。所需大件木植采自江苏、四川、湖南等省，所用白灰，凡砌砖、瓦瓦、灌浆、抹什，用韩溪白灰。地脚灰土，用坛山白灰。所用颜料、铜、铁、纸、绢等项，从户部直接取用。按例净估需物料、匠夫工价银为二十六万六千八百五十六两一钱六分八厘，其中，木植银为二万二千七百五十五两四钱八分四厘，灰斤银为二万五千四百六十八两八钱四分九厘。

道光帝对昌陵圣德神功碑亭工程相当重视，为了加强对工程的监督力量，道光元年（1821）七月十六日，道光帝在原来四个承修大臣的基础上，添派宗室辅国将军弘善为承修大臣；道光二年（1822）二月初六日，道光帝又添派内务府大臣常福为承修大臣；道光五年（1825）二月初七日，道光帝又任命户部右侍郎敬征为承修大臣。另外，从道光三年（1823）到道光九年（1829），果齐斯欢、庆惠、宝兴、永明额、武忠额等以泰宁镇总兵官的身份，都先后办理过昌陵圣德神功碑亭工程。从道光帝委派昌陵圣德神功碑亭的承修大臣来看，明显

有两个特点。一是官位高，有两位亲王。不仅在以前历次圣德神功碑亭工程中没有，就是兴建皇帝陵，也绝无此例。二是调动频繁，变化不定。这种现象，在道光朝屡见不鲜，则主要反映了道光帝胸无主见、用人猜疑、优柔寡断的性格。

在勘估钱粮的时候，相度昌陵圣德神功碑亭方位的活动也在同步进行着。原来，早在道光元年（1821）五月，道光帝就命东阁大学士托津、礼部左侍郎善庆、工部右侍郎陆以庄到西陵相度昌陵的圣德神功碑亭方位。五月二十八日，他们会同总理西陵事务的奕亨、景纶、弘善率领钦天监精通地理人员进行相度，经过认真相度认为，昌陵五孔拱桥南二十二丈五尺的神路正中就是一处营建圣德神功碑亭的佳壤。钦天监博士董岳南认为，子山午向建立圣德神功碑方位甚吉。于是，托津等大臣把相度的结果绘图贴说，上奏给了道光帝。道光元年（1821）六月初三日，道光帝正式批准了选址地点。

万事俱备，只欠东风。营建昌陵圣德神功碑亭的前期工作都预备齐全了，于是，经过钦天监敬选吉期，圣德神功碑亭的破土兴工日期定于道光元年（1821）九月初六日巳时，且定于九月初十日辰时添开运料通道。

在营建圣德神功碑亭的过程中，实际开支超过了预算，一些事先没有考虑到的事实因素浮出了水面。道光帝不得不对此考虑，并加以妥善处理三大难题。

第一个难题，运输石料的道路整修。由于昌陵圣德神功碑亭所需用的青白石料不仅数量多，而且有些体量巨大，受运输工具和道路限制，运输都很困难。比如，二块碑身、二件龙跌、四根华表柱身、四件须弥座，每一件都是重达数万斤的巨大石料，而这些都是采自二百多里外的房山县西山大石窝。因此，必须要等到冬季大地结冻时才能运送。而途经道路则必须要提前平垫，桥梁要加固、帮宽，这一切都需要一笔资金。于是，仓场侍郎颜检将此情况上奏给道光帝，要求批款拨银子，以适合昌陵圣德神功碑亭建筑的需要。

道光三年（1823）正月二十四日，道光帝批准该项开支的支出，令从直隶司库地粮银内拨给房山县修垫桥道银三千五百两，拨给涞水县二千两，拨给易州三千五百两。道光九年（1829）经直隶总督那彦成奏准，又从直隶司库道光三年（1823）赈案剩余经费银两内拨给直隶容城等州县五千一百两作为运送木料而修垫桥道的经费。

第二大难题，建筑所需木料的短缺和运输速度。原来，工程所用的大件楠木、柏木分别由江苏、四川、湖北、湖南等省采办。圣德神功碑亭工程所用的木料都比较大，这些木植又都生长缓慢。从顺治年间到道光年间，又是修宫殿，又是盖皇陵，皇家工程不断，甚至有时候是几个大的工程同时施工，需用楠木、柏木极多，由于连年砍伐，大木已经极少，新树又未能长大。所以这次采办昌陵圣德神功碑亭木植难度很大，而当时仅分派给江苏一省的木植就达八百余根，由此可见所需木料的数量是多么巨大。因此，直到道光四年（1824）六月，湖南省仍未能完成派办的木植数量。于是，采办这些木料成为当时最大的难题。为了解决这些问题，道光帝下令彻底如实调查昌陵圣德神功碑亭所需要木料的数量，并且强调，如果现在采办到的木料够用了，湖南就可以停止继续采办。经过详细调查与核实，道光四年（1824）六月二十三日，道光帝令湖南可以停止继续采办木料，已采办到的木

料迅速运来工地。然而，这时候又有一个新的问题出现，那就是，虽然得到的消息称所需木料已经够建筑所用，但有些木料在运往昌陵的途中颇费时间。比如，道光七年（1827）三月，四川将所采到的木料起运，但到道光八年（1828）七月下旬尚未运到山东境内。对此，道光帝特别着急，他发布谕旨严厉催促道：

> 要工所需岂容日久在途迟滞？著屠之申（直隶布政使护理直隶总督）、琦善（山东巡抚）即饬沿河文武员弁，严催该委员迅速趱解，务于本年冬初运交工次，毋许任意耽延。

尽管如此，直到道光九年（1829）七月，还是有一部分木料尚未运抵工次。

第三大难题，建筑砖料的质量问题。由于昌陵圣德神功碑亭的海墁（砖墁地）盖面砖需要用澄浆砖，于是，工部通知山东省，令其烧制临清砖四万六千块，于道光十年（1830）春季运到工地。实际上，这些砖直到道光十年（1830）七月才运到，且经过质量检验发现，这些砖制作粗糙，砂眼太多，根本无法使用。承修大臣郑亲王乌尔恭阿等人将这一情况如实上奏给了道光帝。因为他们考虑到如果再令山东烧造，已经来不及了，因此建议由京城附近烧造澄浆砖四万六千块，道光十年（1830）冬季运到工地，因为这些砖将要在道光十一年（1831）春季开始使用。对此，道光帝立刻批准，并且还谕令将山东烧造的不合格的澄浆砖全部运到易州工部存贮备用，烧砖所用款项则由承办官员照数罚赔，朝廷不予报销。

经过诸多的波折和磨难，断断续续的昌陵圣德神功碑亭工程于道光十年（1830）六月完成了圣德神功碑亭的楼顶工作。至此，圣德神功碑亭的镌刻碑文工作开始进入了工作程序。

圣德神功碑亭内共立有两统石碑，东面石碑是满文，西面石碑是汉文。在昌陵之前，关内的清陵已有四座圣德神功碑亭（或神功圣德碑亭），孝陵、景陵、泰陵、裕陵，除了孝陵是一统石碑外，其余三陵均是两座石碑，也均是东面石碑是满文，西面石碑是汉文。而孝陵的石碑则是一统石碑上左（东）面是汉文，右（西）面是满文。

据记载，昌陵圣德神功碑的碑文是道光帝亲自撰写的，共有二千五百九十七个汉字。汉文文字由谁书写，目前还不知道。但东碑上的满文则是由中书长贵、荣汇二人缮写。当时，两人将碑文字体写得"端楷敬慎"，深受道光帝的称赞，加恩赏给每人大缎二匹、笔二匣、墨二匣、砚一块，且各记大功两次。

另外，虽然道光帝写好了碑文，但在恭送及镌刻碑文的过程中，还有着非常烦琐的礼仪程序：即将已经书写好的碑文由御书处双钩以后，恭呈皇帝御览。然后将钩摹好的碑文送至内阁安奉。礼部、工部堂官赴内阁将碑文送到工部衙门安奉。由礼部奏请，派工部堂官一员恭送碑文到陵寝工次镌刻。奏派大学士一员、内务府大臣一员前往工次监刻。镌刻工匠由御书处遴选派出，先期前往工次预备。镌字吉期由钦天监选择。镌刻前一日，由工部堂官告祭司工之神。竣工后，由礼部堂官告祭昌陵，祭文由翰林院撰拟。

碑文由京师送往陵寝前，通知沿途地方官员和行宫做好迎接护送碑文的准备事宜。经钦天监选择，定于道光十年（1830）八月二十六

日午时开工镌刻，于八月二十日辰时从京城出发，恭送碑文。将碑文放在彩亭内，每班八人，帮夫四人。每日二班。龙旗两面、御杖二件在前面开路。夫役由易州工部雇觅。出正阳门，沿途分三宿。第一宿在良乡县的黄新庄行宫。第二宿在涿州药王庙行宫。第三宿在涞水县秋澜行宫，八月二十三日到达西陵，供奉在更衣殿内。

道光十年（1830）七月二十九日，道光帝派东阁大学士托津、总管内务府大臣敬征、工部左侍郎奕经负责监督刻写碑文。八月十九日，道光帝又改派协办大学士富俊负责此事。经过二十余天镌刻，碑文完工。道光十年（1830）九月十八日，以昌陵圣德神功碑镌刻告成，遣官告祭昌陵。

道光十一年（1831）春天，铺墁碑亭外海墁。道光十一年（1831）夏，历时近十年之久的昌陵圣德神功碑亭工程终于画上了句号，在当时比建一座皇帝陵用时还要长。

昌陵圣德神功碑亭营建时间这么长，虽然有一些不可抗拒的自然因素，但更多的还是受社会形势和官场制度所影响。于是，偶然的现象就会出现必然的事情。在昌陵圣德神功碑亭营建的过程中，昌陵的隆恩殿也在道光六年（1826）开始了正式维修。

为什么会出现如此情况呢？

原来，在道光元年（1821）就发现了昌陵隆恩殿老角梁沉坠，同柱、额枋牵闪，檩条脱榫，上下檐斗栱压卸等诸多质量问题和安全隐患。经过调查研究论证，道光帝批准，决定道光六年（1826）对其进行揭瓦维修。随后任命了工部尚书路以庄等人为承修大臣，户部右侍郎敬征对工程做钱粮预算。俗话说"土木工程不可擅动"。那时候的建筑维修，也是要择选吉日的，经过推算发现，道光六年（1826）是丙戌年，面向正南的建筑不能维修兴工。为了赶工期，就要解决建筑方位与时间冲突问题。负责管理钦天监事务的户部右侍郎敬征与钦天监官员经过商量，决定用提前开工的方式回避，即在道光五年（1825）冬季先于吉方破土，明春上吉之日再正式开工。经过钦天监的再次推算，时间终于确定了下来：道光五年（1825）十二月初九日未时于正南贵人方动土；道光六年（1826）三月初一日午时，恭移隆恩殿内神牌；三月初四日寅时兴工，在天德合丁方取土吉。方案上奏给道光帝后，立刻获得批准。

道光六年（1826）三月初一日，即兴工前三天，道光帝遣官告祭昌陵及后土之神。当隆恩殿揭瓦后发现，残坏的程度要比早期看到的还要严重。承修大臣路以庄亲自验看后认为，现在的新情况已经不适合原先的维修计划，只能重新翻建，即将原先的建筑全部拆除营建新的隆恩殿，才能达到建筑永远坚固的目的。于是，他将自己的想法和意见上奏给了道光帝，并要求派大臣给予新的规划预算。

道光六年（1826）五月初三日，道光帝派已改作户部左侍郎的敬征、工部右侍郎顾德庆到昌陵进行新的预算规划。随后不久，隆恩殿开始了一年多的重新营建工程，道光七年（1827）七月初，工程竣工。七月初九日，遣官告祭昌陵及后土之神：隆恩殿工成。

但令人想不到的是，三十年之后，嘉庆帝的昌陵隆恩殿再次出现了安全问题，即咸丰六年（1856）七月底，西陵的守护大臣奕绲等人奏报：昌陵隆恩殿残破严重。并要求派人勘察详情做预算规划。当时，咸丰帝派了户部尚书翁心存、柏葰去做了勘察预算。随后就开始了新

一轮的维修，咸丰七年（1857）七月底，工程再次完工。

从昌陵建筑的维修、重建、维修等，以及圣德神功碑亭工期的漫长来看，嘉庆朝的朝政正如它的陵寝建筑质量一样，外强中干，大清朝的朝政已经日渐衰弱，逐步走向灭亡。

五、四个不解之谜

虽然嘉庆帝的昌陵随着圣德神功碑亭的竣工算是全部完工，而且其建筑规制也是按"外式照泰陵，内式照裕陵"营建的，但在具体建筑时还是有所改变，其中有些改动是可以理解的。比如，据《大清会典》记载，它的宝顶比泰陵宝顶高二尺，周长比泰陵宝顶长二尺；圣德神功碑亭比泰陵圣德神功碑亭低一尺四寸，窄三寸，薄四寸。对于这种变动，可以理解为实际建筑需要和"逊避祖陵"。但有些变动则有不可理解的地方，这主要表现在以下四个方面。

（一）地宫是否设有"龙须沟"

地宫里面的龙须沟，就是现在人们常说的地下排水道，因为两条排水道，而且像龙须一样左右排列设在地宫里，故送美誉"龙须沟"。嘉庆帝的昌陵地宫是按照乾隆帝裕陵地宫规制营建的。由于裕陵地宫里没有安设龙须沟，因此，每年每逢雨水季节，地宫内积水很多，都无法排泄出去。那么，既然昌陵地宫是按照裕陵地宫营建的，其地宫内也就不应该有龙须沟设置。而且实际通过实地调查，也的确未发现昌陵地宫有龙须沟的出水口。但根据档案记载，昌陵地宫的"头层石门内左右各有水沟眼一处"。于是，在这里就出现了问题，昌陵地宫内是否真的设有龙须沟呢？这个问题至今无法解开。只能继续查对档案和实地查看是否有龙须沟的出水口。

（二）隆恩殿设有佛楼和地面铺设

前文已经提到嘉庆帝昌陵的隆恩殿建筑规制是按照泰陵营建的，但内部设置没有按照泰陵内部设置布置。除了那个独特的佛楼，隆恩殿的地面也很特殊。

昌陵隆恩殿的地面，铺设的不是通常的金砖，而是花斑石。

按清制，清朝皇陵，无论是隆恩殿、配殿、朝房等所有建筑物内部地面均为方形金砖铺设。所谓"金砖"，实则就是一种质地坚硬、材料颗粒细腻的方砖，因敲打能发出金石之声，故名金砖。不仅其制作工艺复杂，制作工期很长，而且使用也是精细的。清朝《工程做法》里规定：铺墁金砖时，要先将砖坯砍磨精细，以便墁后能使彼此间严丝合缝。然后抄平、铺泥、弹线、试铺、刮平，再将铺好的砖面浸以生桐油。因工艺烦琐，砍磨二尺金砖，每工每天只能制作三块，而铺墁时，每个瓦工和两个壮工，每天也只能铺墁五块。

花斑石，又称"紫花石""豆瓣石"，是一种珍贵的天然石料，因主体底面呈黄色，其表面缀以天然紫色各式花纹图案而得名。昌陵的花斑石来自河南，每块石板零点六二米见方，经过精细打磨之后，红紫绿黄等颜色互相间隔相称，色彩丰富，色泽鲜明。阳光下如宝石般五彩纷呈，顿显大殿富丽堂皇。

虽然花斑石有如此优点，也很讨富贵帝王之家喜欢，但其他的皇陵却一直没有采用，那么，为什么号称遵循祖训陵寝规制建陵的嘉庆帝却又打破祖制，超越了皇父、皇爷爷的陵寝装饰呢？而且还只是将

隆恩殿做了如此装饰改动，其他的配殿、朝房等依旧是金砖铺设，这又是为什么呢？还有，大殿的这种特殊装饰，是始建就如此还是在拆修后改变的呢？对此，目前还没有发现相关的档案记载此事。

昌陵隆恩殿内地面花斑石

（三）七孔拱桥改成五孔拱桥

根据原建筑图纸设计，嘉庆帝的昌陵是要在圣德神功碑亭北侧的那条河流上，营建一座七孔拱桥的桥梁，作为通道所用。但实际上，这条河流上的石桥却是五孔拱桥。为什么通过此河流的泰陵是七孔拱桥，而昌陵却是五孔拱桥呢？当初的昌陵建筑图纸上的七孔拱桥方案，是根据"外式照泰陵，内式照裕陵"设计的。而且这条河流就是泰陵七孔拱桥坐落的相应的那条河，其宽度等一些参数在昌陵五孔拱桥所处地没有改变。那么，究竟是什么原因，泰陵营建的是七孔拱桥，而昌陵则是五孔拱桥呢？

昌陵五孔拱桥东南侧

有人分析，这是因为要与泰陵之间有个"逊避祖陵"的考虑。如果这种说法成立的话，那么昌陵的宝顶为什么要比泰陵的宝顶还要高大呢？难道是因为一个肉眼容易分辨出来，另一个不容易分辨吗？如果那样的话，嘉庆帝的昌陵也太过"虚伪"了吧。

目前，对于此处的桥梁为什么是五孔，而不是原设计图纸上的七孔，还没有一个让人信服的说法。

（四）桥斜路弯

按理说，作为陵寝中轴线上的神路建筑物，都应该不折不扣地坐

落在中轴线上。实际上，对于嘉庆帝的昌陵来说，它有两处却超出了常规想象，即它的五孔拱桥与陵寝中轴线形成了十度的夹角；五孔拱桥与圣德神功碑亭之间的神路，也是弯曲的。

为什么会出现如此奇怪的现象呢？不会是由工程失误造成的吧？

据清陵学者徐广源先生分析，昌陵这两个地点出现的桥斜路弯现象，不是工程施工失误，而是因为受地势限制，出于风水上的考虑，故意将工程建筑方位以这种特殊形式处理的。

但具体原因如何，还需要相关档案等文字的支持。

第六章

昌西陵：生前死后的传奇

她是嘉庆帝的皇后，但其封号由太上皇帝赐予；虽然她对道光帝有恩，但道光帝没有在她生前给她建陵；她的陵墓也是皇后级别的，但其规制是清后陵中最低的。

一、皇太后的恩情

在昌陵西面，有一个叫"望仙山"的地方，那里有一座皇家陵园，即嘉庆帝的第二位皇后孝和睿皇后的陵寝——昌西陵。

昌西陵这块陵址的选定，是相度大臣柏葰、魏元烺、吉伦泰带领甘熙等风水先生费了很大心血才最终堪舆确定的，选定之后，他们在给咸丰帝的奏折中是这样说的：

> 地势土脉高厚，主山端正，对岸得势，宜立癸山丁向，甚属合局，实堪建立昌西陵。其局势规模均可照依原拟做法办理。惟查外河水势绵远，河面较宽，原拟三孔桥应改修五孔桥。两旁马槽沟泊岸原拟筑打三合土，今改用大料石成做。右边山袖应稍为培补，毋庸另请增添钱粮。

这些大臣在奏折里告诉咸丰帝，望仙山这个地方风水正是营建昌西陵的最佳地方，而且其规模还可以依照原先的规制，唯一不足的就是河道宽了些，但可以把原先设计的三孔拱桥改为五孔拱桥，原设计两旁的马槽沟三合土改为大料石，右边的山势人工添补一下。并且这些都不需要额外添加钱粮。

由此可知，望仙山作为昌西陵陵址，并不是初次选定的，之前就已经勘选出来，并且当时都做好了规制和钱粮预算。

原来，当初的昌西陵陵址是道光帝临死时选定的。孝和睿皇后死后不久，道光帝就为其选好了陵址，道光三十年（1850）正月十二日，道光帝为此事专门发布了一道谕旨：

> 昌陵迤西择有佳壤，地基宽广，山川气势环抱，本拟为大行皇太后吉地，今谨定为昌西陵，明年诹吉兴工。所有备办料物，相度形势，必应先期敬慎将事，著派定郡王载铨、吏部尚书文庆、工部侍郎灵桂、彭蕴章会同前往，敬谨办理。

在这道谕旨中，道光帝不仅为孝和睿皇后选定了陵址，还亲自起好了名字，当时还任命了承办这件事情的大臣。可是，这道谕旨刚发布两天，道光帝也因年老体衰、劳累过度，生病死去。

由于道光帝的突然死去，他刚任命的承办大臣也随之发生了一些人事变化。于是已是嗣皇帝的咸丰帝对刚任命三天的昌西陵承修大臣进行了部分人事调整。同年正月十五日，咸丰帝令载铨、文庆为恭办大行皇帝丧仪大臣，改派兵部尚书魏元烺、理藩院尚书吉伦泰会同前派的灵桂、彭蕴章办理昌西陵工程。二十天后，咸丰帝又添派都察院左都御史柏葰、总管内务府大臣基溥恭办昌西陵工程。咸丰元年（1851）三月十一日，咸丰帝又命工部尚书阿灵阿恭办昌西陵工程。咸丰元年（1851）七月二十二日，咸丰帝赏已革吏部尚书文庆五品顶戴前往办理昌西陵工程。

当时，道光帝为孝和睿皇后选定的昌西陵陵址在昌陵妃园寝南面。皇后陵寝属于皇帝陵寝的附属建筑，因此，由于皇帝陵的位置已经固

定不能改变，且皇后陵的位置必须要在皇帝陵寝附近，相对来说，因
为能卜选的陵址范围的缩小，陵址的位置也相对好选了很多。但这就
容易出现一个问题，当初选定皇帝陵位置的时候，并没有考虑其他附
属建筑风水，那就很容易造成皇后或者妃园寝的风水土壤难以俱佳。
果然，在处理整修选好的昌西陵界内道路时发现，道光帝选定的所谓
吉壤，其土质极为不好。不仅发现了砂石，在地表深处还发现了水泉。
营建陵寝，最忌讳的就是土中含有砂石和水泉，因为这种地下情况建
立起来的建筑根本不会坚固长久，即使将土中砂石全部移走，地表下
的水泉问题也是无法解决的。于是，承办大臣将遇到的这些实际情况
如实上奏给了咸丰帝，并建议重新勘选陵址。咸丰帝接到这样的奏报，
因为陵寝属于国家重要工程，非同儿戏，也只能同意废弃道光帝选定
的陵址，再次命人重新勘选新昌西陵陵址。这样，就在望仙山这块新
的陵址建成了现在的昌西陵。

　　昌西陵的出现，完全是遵循祖制的结果。在道光元年（1821）嘉
庆帝入葬昌陵地宫之前，负责丧葬大礼的郑亲王乌尔恭阿、定亲王绵
恩等人就曾奏请道光帝：是否在昌陵地宫内为孝和睿皇后预留棺位？
当时，道光帝没有同意，那就只能遵循祖制为孝和睿皇后单独建陵。

　　按清制，死在皇帝之后的皇后，在皇帝入葬山陵地宫后，出于卑
不动尊的缘故，都需要单独营建自己的陵寝，其陵寝均由嗣皇帝负责
营建。

　　虽然单独为孝和睿皇后建皇后陵是板上钉钉的事情，但实际上，
在她生前的二十九年皇太后生涯中，道光帝竟然没有给她营建皇后陵。

是这位孝和睿皇后与道光帝关系不好还是道光帝不孝呢？答案都是否定的。

事实上，孝和睿皇后与道光帝平时相处得相当的好，而且按情理来说，她对道光帝还是有恩的，即当嘉庆帝突然猝死在避暑山庄，她得到消息后，第一反应就是担心当时还是智亲王的旻宁很可能因为没有传位遗诏而无法继位，于是她以皇太后的身份下懿旨，并用六百里加急送往承德避暑山庄，令道光帝即皇帝位。这对于任何人来说，都是天大的恩情。因为皇太后她想到的是让非亲生儿子的旻宁当皇帝，而没有顾及亲情让自己的亲生儿子即位，这在稳定当时的国家政局中起到了重要作用。而且，本来道光帝就是一个很注重仁孝的皇帝，加上孝和睿皇后对他有如此厚重的恩德，道光帝对孝和睿皇后更是至孝至敬。

既然两人关系融洽，而且道光帝还崇尚孝道，那么究竟是什么原因使得道光帝没有给这位皇太后营建陵寝呢？据笔者分析，主要是出于两个原因。

第一，经济原因。道光帝即位后，既办理嘉庆帝的大丧，还要营建昌陵圣德神功碑亭，又要对新疆叛乱用兵，并且还要忙于自己陵寝的营建、改建，钱花得比流水还快。而当时皇太后的身体一直很健康，出于经济原因，道光帝存在着还能将孝和睿皇后建陵事情拖拖的侥幸心理，即等日后经济好了再给皇太后营建一个规模规制都比较体面的皇后陵。

第二，规制原因。嘉庆帝的昌陵规制和规模在当时、当地都是最

好的，可是他在营建妃园寝时，出于节俭的考虑，昌陵妃园寝却是所有清陵规制中最为低下的。并且道光帝在营建自己陵寝时，出于节俭的考虑，也曾多次压缩自己陵寝的规制和规模。后来，由于地宫渗水，道光帝干脆把自己本应该建在东陵的陵寝都搬到了西陵自己父母旁边。既然打破了一次祖制，道光帝就一不做二不休，顺便把自己的陵寝完全按照自己的意愿营建了。当道光帝把这些事情都做完后，他面前就出现了明显的陵寝规制问题，给孝和睿皇后建陵寝，是按照祖制还是按照自己本意营建呢？这个现实问题让道光帝感受到了什么叫左右为难，犹豫不决。因为孝和睿皇后是自己的长辈。作为一直号称"仁孝"的道光帝，是不能轻易给长辈改变祖上留下的陵寝制度的，否则就会留下不孝的罪名。所以，在孝和睿皇后生前，他没有为其营建陵寝。可这种情况由他儿子咸丰帝来处理，就一切好办多了。对于咸丰帝来说，无论是孝和睿皇后还是道光帝，都是他的长辈，他只要一视同仁就可以，于是他就参照他父亲道光帝慕陵的样子，给孝和睿皇后修建了一个慕陵样式的宝顶，其地宫和其他建筑，虽然也是参照祖上的其他皇后陵营建的，但规制却可以大为缩减，这对于他来说，还不会背上不孝的罪名。

此外，道光帝没有给孝和睿皇后建陵，不排除是孝和睿皇后体谅国情民意，主动让道光帝推迟给自己建陵的可能。

以上，只是笔者的分析猜测而已，因为至今还没有发现相关的档案记载。

不管怎么说，事实胜于一切猜测、联想，孝和睿皇后的昌西陵并不是在道光朝选定的陵址，更不是道光帝所建，而是她的孙子咸丰帝建的；而且还有一个人人都能看得见的事实，那就是昌西陵的建筑极为朴素，是所有皇后陵中规制最简朴、规模最简单的一座皇后陵寝。

二、昌西陵的四大谜团

昌西陵始建于咸丰元年（1851）二月二十日，咸丰二年（1852）八月，承修大臣柏葰等人就奏报咸丰帝：昌西陵完工。共花费白银四十四万八千两，用时一年半。同年八月二十七日，咸丰帝令西陵泰宁镇总兵官德春验收工程，并派兵保护昌西陵。

在这里，也许有人会问，作为皇后陵，为什么昌西陵的花费这么低、建陵时间这么短呢？

原来，这与昌西陵的规制和规模大小有直接关系。据实地考察，昌西陵的规制及建筑排列顺序大致是这样的：

三孔拱桥以南，东西两旁各设下马牌一座。马槽沟上正中有三孔拱桥一座，两侧各有三孔平桥一座。

陵前左方为神厨库，内建神厨一座，面阔五间，单檐悬山顶；南北神库各三间，单檐悬山顶；省牲亭（宰牲亭）一座，四面各显三间，重檐歇山顶；神厨库外有井亭一座。

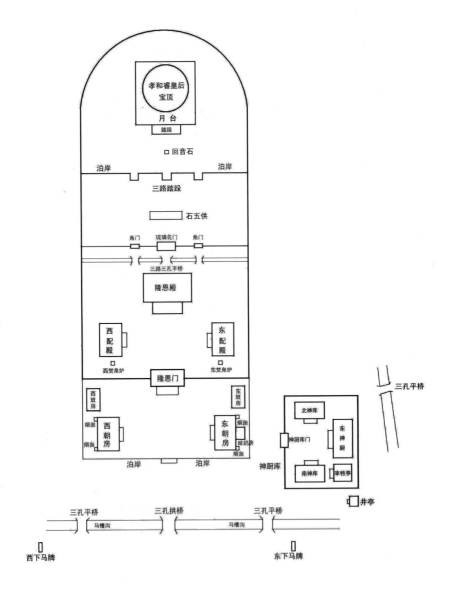

昌西陵平面示意图（绘图：徐鑫）

昌西陵西下马牌　　　　　　　　昌西陵神厨库内的省牲亭后灶坑

昌西陵省牲亭锅台及锅

　　陵前的马槽沟正中建三孔拱桥一座，两侧三孔平桥各一座。东西朝房各五间，单檐硬山顶。东西班房各三间，单檐硬山卷棚顶。

昌西陵三孔拱桥

昌西陵西朝房

昌西陵西班房

　　隆恩门一座，面阔三间，进深二间，单檐歇山顶。东西焚帛炉各一座。东西配殿各三间，单檐歇山顶。隆恩殿面阔五间，单檐歇山顶。隆恩殿前月台上，设鼎式铜炉一对，高八尺五寸；东侧铜鹤一只，高三尺八寸，身长三尺六寸；西侧铜鹿一只，高三尺五寸，身长三尺二寸。

昌西陵隆恩门

179

昌西陵西焚帛炉

昌西陵隆恩殿

昌西陵隆恩殿前月台及香炉鹿鹤座

　　隆恩殿的后面设有玉带河一条，两端分别通到围墙外的马槽沟；在玉带河上建有三孔平桥三座，只有中间的桥设有栏板。

昌西陵陵寝门前的三孔平桥

陵寝门有三座。

昌西陵陵寝门

进入后院，迎面正中是石台五供。中间香炉炉体上遍刻万蝠流云图案，与传统的兽面纹迥异，显然是仿照了道光帝慕陵的做法；香炉两侧的一对花瓶、一对烛台上均无任何纹饰雕刻。

石五供东西两侧各有两行仪树，每行四株。

石五供北面是大月台。月台前有石踏跺三座，每座十级。大月台台面全部为砖海墁。北面正中有宝顶一座，环以宝城，设有铜制排水沟嘴。

宝顶下是地宫。

昌西陵石五供

昌西陵后院踏跺及宝顶

昌西陵宝城铜沟嘴

　　按规制，皇后地宫构造应该为四券二门式，这四券依次是隧道券、罩门券、门洞券、金券。

　　据研究，昌西陵地宫为四券一门式。地宫内，仅在门洞券前设一道石门。金券内安设宝床，宝床正中为金井。门洞券两旁设册宝座各一个。为了防止地宫有积水，在金券、罩门券内前侧两翼，各有一个龙须沟眼，门洞券两壁脚为鱼门洞通入龙须沟。地宫罩门券及隧道，均为砖结构，其余各券及地面海墁，宝床、册宝座均为青白石。

　　昌西陵神路没有与昌陵神路相接。

　　咸丰三年（1853）二月二十日，昌西陵悬挂隆恩殿、隆恩门等斗匾。因没有建明楼，效仿慕陵的做法，是将满文、蒙文、汉文三种文字的"昌西陵"字样镌刻在陵寝门中门南面檐部的嵌石上。

184

昌西陵陵寝门上的三种文字的陵名

　　昌西陵的隆恩门前面有案山。咸丰四年（1854）十月初九日《文宗显皇帝实录》记载：

　　谕军机大臣等绵森奏查勘各山应换黄土、栽种树株一折。昌西陵后宝山、两砂山及对宫门南案山等，处值本年栽种松树之期。既据绵森查勘所宄树窝，均系砂石自应换土筑实，以资壮茂，估需银两，准其动支广恩库，并由地租项下垫发，及按成搭放宝钞，敬谨妥办，务须填土充足，将砂石刨宄净尽以期树木蕃盛。

　　由上所述，昌西陵后宝山、两砂山及对宫门南案山等处均有建陵废弃的砂石。又由此推测，昌西陵隆恩门前的案山很可能为建陵废弃的砂石所堆砌。为了在这些地方栽种树木，树坑内挖出的砂石均被换

成黄土，以方便树木生长。这项开支并没有纳入建陵费用之内。

虽然昌西陵的建筑相比其他后陵来说，规制要简约得多。但是，其隆恩门以外的建筑部分，却与其他帝后陵几乎相同，没有什么差别。这些建筑包括神厨库、三孔拱桥、东西朝房、东西值班房等。有改变的地方在于，从隆恩门开始向里的其他建筑部分，均缩减了规制。

昌西陵与其他皇后陵在规制和规模上的差异，经过对比，可以发现有九个显著的变化。

1.在昌西陵未建之前，虽然承修大臣建议将昌西陵三孔拱桥改为五孔拱桥，但在实际施工中，该建议并没有被采纳，依旧是按照标准的皇后陵规制，即建的是三孔拱桥，但据现场考察，两侧平桥无石栏板。

2.昌西陵的隆恩门面阔是三间，与其他的皇后陵相比少了两间。

3.昌西陵的隆恩殿为单檐歇山顶式规制，虽也是以五间的形制修建的，但是它的东西稍间很小，前面的窗户只有一扇大小，致使隆恩殿的实际面阔仅为三间半。而其他的皇后陵，除了孝庄文皇后的昭西陵隆恩殿是重檐庑殿顶式外，均是重檐歇山顶式，面阔为五间。由此可见，其建筑规制和规模还不如妃园寝享殿（大殿）。

4.昌西陵的东西配殿面阔均为三间，与其他的皇后陵配殿相比少了两间。

5.以前的皇后陵，隆恩殿及殿前月台均环以青白石栏杆，月台前设龙凤呈祥的丹陛石，而昌西陵隆恩殿前的月台没有石栏和丹陛石。

6.以前的皇后陵，像孝庄文皇后的昭西陵陵寝门分建于隆恩殿两侧，均有门楼。孝惠章皇后的孝东陵、孝圣宪皇后的泰东陵陵寝门的三个门均有门楼，门前设月台。而昌西陵陵寝门的三个门，只有中门带门楼，两旁门则为随墙门，无门楼。

7.以前的皇后陵均建方城、明楼，而昌西陵则全部被裁撤。

8.以前的皇后陵，宝顶又高又大，环建宝城，宝城上有可行人的马道。宝城外侧顶部做雉堞。而昌西陵的宝顶则仅为以前皇后陵宝顶的一半左右。所谓的宝城只是紧贴宝顶外皮而砌的一圈围墙，上面既无马道，更无雉堞。

9.昌西陵的占地面积比较小，尚不足以前皇后陵占地面积的一半。

正因为昌西陵的规制缩减不小，以至于其工程量也随之减小，因此，不但陵期缩短，更主要的是降低了开支，省下了大笔的银子。究其原因，就是当时的清政府财力不足，国库没有多少银子。当然，这与当政者的务实精神还有很大的关系。

尽管昌西陵的规制简朴、规模缩小，但其还是有一些可圈可点的独到、新颖之处。这主要表现在以下三点：

1.昌西陵陵寝门前的玉带河，不仅是所有皇后陵中的唯一，并且上面建有三座平桥，且中间的平桥还设有石栏板。

2.昌西陵隆恩殿的天花板彩画，每一块天花板上都绘一只展翅飞翔的金凤，一反金莲水草的传统彩画风格，显得格外清新、典雅。这是清陵隆恩殿中所独有的。

3.昌西陵陵寝后院建有回音壁和设有回音石。它们是明清皇陵中唯一一处有回音壁、回音石的陵寝。

按清朝陵制，无论皇帝陵还是皇后陵，乃至妃园寝，后围墙均做成弧形，即半圈形，称为"罗圈墙"。虽然昌西陵的罗圈墙表面上看并没有新奇之处，但当人站在罗圈墙内侧的一端贴墙说话，就可以在

昌西陵回音壁

昌西陵回音石

七十六米远的另一端清晰听到从那端传来的说话声音，显然这是靠声音的不断折射传过来的。由此可以看出，昌西陵的罗圈墙的弧度与其他陵寝的罗圈墙的弧度是不一样的。因此，昌西陵的罗圈墙被称为"回音壁"。

如果站在宝顶前正中神路的中心石上说话或跺一下脚，就会听到比原发的声音大数倍的回声，犹如空谷传响、大厅回音一样。因此，宝顶前神路的中心石（以站在北数第七块石上回声最大）称为"回音石"。

昌西陵有这两个特殊的功能和效果，是为什么呢？按理说，皇家陵寝属于禁地之中的禁地，除了祭祀时，皇帝及一些相关的官员可以进入陵寝后院，任何人都是不可以进入的，包括那些保卫陵寝的人员。更何况陵寝禁地属于庄严肃穆场所，是不允许大声喧哗的。有人说，昌西陵之所以出现这种情况，属于施工中无意中造就的一种施工"失误"，不是有意行为。那么笔者不明白，如果那些监督工程的承修大臣有意隐瞒这种特殊声场现象，难道那些工程验收官员发现不了这种现象或者也会隐瞒不报吗？也就是说，假如昌西陵的回音壁和回音石有这种特殊现象，在咸丰帝认可的情况下，无论是承修大臣还是工程验收大臣，都会把这些当作向皇帝请功受赏的筹码，若非如此，那么他们就很可能会被别人以此为罪受到皇帝处罚的。所以笔者认为，昌西陵有回音壁和回音石，咸丰帝应该是知道的，并且得到了他的默认。对于昌西陵存在回音壁和回音石现象，笔者的观点倾向于工程中的无意行为，因为据实地考察，惠陵妃园寝也有回音壁这种现象。

但也正因为昌西陵的这个特殊之处，因此，它成为昌西陵的四大

谜团之首。

昌西陵的第二大谜团是，道光帝为什么在孝和睿皇后生前没有建昌西陵？虽然前文笔者分析了三种情况的可能性，但至今没有发现相关的档案记载，更没有得到权威专家的认证，只能算是笔者的一家之言。

昌西陵的第三大谜团是，昌西陵马槽沟上的三孔拱桥未改为五孔拱桥，马槽沟泊岸也未改为大料石，这是为什么呢？当初承修大臣在奏折中说，即使改动这两项工程做法，也不用添加银子。然而，咸丰帝并未同意，也因此最终致使岸上的下马牌被水流冲倒在河床内。

昌西陵的第四大谜团是，镌刻在陵寝门上的御书匾额，为什么没有咸丰帝的印文？

按惯例，凡陵寝的御书匾额，均要在匾额上钤盖"××尊亲之宝"印文，其印文标记实际上是将印文铸成铜质镀金字，然后钉到匾额之上或直接镌刻在石碑上。而且《文宗显皇帝实录》也明确记载昌西陵匾额为咸丰帝亲笔御书，那么昌西陵的匾额上面就应该钤盖"咸丰尊亲之宝"。可是，据实地考察，并未发现有此宝文，并且咸丰朝改建的道光帝慕东陵也没有此宝文。也许有人会问，昌西陵陵寝门上的匾额上没有咸丰帝的印文，是咸丰帝故意这样做的，还是当时承办此事的大臣的疏忽和失职？对此，笔者认为，这是咸丰帝故意这么做的。理由很简单，自景陵后，帝后陵寝的御书匾额上有"××尊亲之宝"印文，这些匾额是指"三匾二碑"即隆恩门斗匾、隆恩殿斗匾、明楼斗匾、神道碑、朱砂碑。而慕东陵并没有明楼斗匾和朱砂碑，因此即使将陵寝名刻在起到陵寝门作用的石牌坊上，也并未在其上镌刻"咸丰尊亲之宝"印文。因而，同样将陵寝名镌刻在陵寝门之上的慕东陵，其陵寝门上的陵寝名后来并未镌刻皇帝尊亲印文。故此，昌西陵的陵寝名刻在陵寝门上，也没有必要镌刻皇帝尊亲印文。因为慕陵、慕东陵和昌西陵的陵寝名都是刻在了陵寝门上的，既然前两座陵寝没有镌刻，那么昌西陵就更没有必要镌刻了。当然，这只是笔者个人的分析，具体原因尚待档案史料的支持。

虽然昌西陵存在着一些令人感到不解的谜团，但这并不影响其正常使用。咸丰三年（1853）二月二十六日，停灵四年之久的孝和睿皇后，终于顺利地入葬昌西陵地宫，独自长眠于地下至今。

三、传奇的人生

虽然嘉庆帝的孝和睿皇后已经长眠于地下，但她的故事并没有因为她的去世而消失。她之所以留给人们深刻的印象，是因为她曾差点酿成一次政治大事故。那时候，作为宫中皇太后的她，参与了一件足以改变历史的政治事件：下发懿旨任命皇帝。

原来，嘉庆帝猝死在承德的避暑山庄，死前并没有留下遗诏，也没有亲自交代谁来继承皇位，因此，由谁来继承大统掌管国家并办理嘉庆帝丧事成为国家的头等大事。尽管嘉庆帝刚死几个小时，道光帝就即位当了皇帝，可是那时候他的皇位有点不合法，因为他当时没有公布即位诏书。

道光帝的即位，至今都是历史之谜。当时，人们虽然知道，嘉庆帝会按照祖制提前写下传位诏书，但谁也不知道放在哪里。尽管有一种说法，嘉庆帝的传位诏书是在一个贴身小太监身上发现的，但那只出现在私人记载里，道光帝的谕旨中说有传位诏书，而作为官方的记载中有很多疑点令人感到困惑。并且重要的是，当时为了能让道光帝顺利当上皇帝，稳固政局，远在北京的孝和睿皇后给承德下了一道六百里加急懿旨，以此让还是智亲王的旻宁即位。孝和睿皇后的这种做法，不仅违背祖制"后宫不得干预朝政"的家法，就是在情理上来说，也有悖人情，反倒令人质疑道光帝是否找到了传位诏书。更为重要的是，假如道光帝及那些文武大臣们，真的发现了嘉庆帝传位诏书，而那遗诏书上的嗣皇帝名字不是旻宁的话，孝和睿皇后的那份懿旨本来就是逾制超越权限的，如与传位诏书相违背，又将如何处理这尴尬的政局？虽然那些历史的瞬间已经烟消云散，但人们依旧期待着那段历史的新证据，尤其是那个所谓的"传位诏书"的出现。

孝和睿皇后朝服像

事实上，历史并没有按照人们的正常思维发展，而是按照它自身的规律时刻调整着它的轨迹。

现在，再来看一下孝和睿皇后留在历史上的人生简历吧。

孝和睿皇后，钮祜禄氏，镶黄旗满洲，生于乾隆四十一年（1776）十月初十日，比嘉庆帝小十六岁。其父恭阿拉是清朝著名开国功臣宏毅公额亦都的五世孙。世代名门家族，康熙初年的四辅臣之一的遏必隆和乾隆前期的首席军机大臣、大学士果毅公讷亲都是其祖先。

康熙帝的孝昭仁皇后和温僖贵妃也均出自其家。

钮祜禄氏被选中秀女后，经乾隆帝指婚，赐与皇十五子颙琰为侧福晋，乾隆五十八年（1793）六月二十六日午时生皇七女。乾隆六十年（1795）六月二十二日寅时，生皇三子绵恺。嘉庆元年（1796）正月初一日，颙琰正式即皇帝位，正月初四日，将原嫡福晋喜塔腊氏册立为中宫皇后。同一天，她被册封为贵妃。因为当时没有皇贵妃，所以钮祜禄氏的地位仅次于皇后，成为后宫中的第二个位高之人。那一年，钮祜禄氏仅二十一岁。

嘉庆二年（1797）二月初七日，孝淑睿皇后病逝，中宫皇后之位悬缺。同年五月，太上皇帝乾隆帝亲自为嗣皇帝物色了未来的皇后人选，这时候，已是贵妃的钮祜禄氏被乾隆帝选中，但由于当时皇后刚死不过百日，于是在乾隆帝的操办下，其先以皇贵妃的身份行使皇后的职责。

嘉庆二年（1797）五月二十日，作为太上皇帝的乾隆帝，发布了一道敕谕，对册封钮祜禄氏为皇贵妃给予了解释，在这道敕谕中，乾隆帝对自己的儿媳妇给予了这样的评价：

> 皇帝自受政以来，晨昏仰体朕意，承欢孝养，皇后亦克尽孝敬，朕心深为欣悦。不意皇后不幸薨逝，朕甚悼焉。今已逾百日，不但皇帝中宫不可久旷，即晨昏侍养乏人，朕心亦颇不愉。但皇后薨逝甫经百日，虽不便即举行继立皇后典礼，自应先行册封皇帝之皇贵妃。今贵妃钮祜禄氏系朕从前选择，赐皇帝为侧福晋者，观其人品，亦甚端谨庄重，且能率下，即将贵妃钮祜禄氏册封为

皇帝之皇贵妃，俾正内则，上以孝养朕躬，佐皇帝以绥福履，襄成内治。俟二十七个月后，除再举行册立皇后典礼外，所有册封皇贵妃典礼，著该衙门照例办理。

乾隆帝的意思大致是说，自从颙琰当上了皇帝后，他和皇后对自己一直很是尊敬、孝顺，我很是喜欢和开心。但不幸的是，皇后却突然死了，我很是悲痛。到今天为止，皇后的丧期已经过了百日，不但皇后的位置不能长期空缺，就是我身边，早晚也没有人能侍奉陪伴了，我很是不高兴。现在，虽然皇后的百日丧期已经过去，但还不能立刻册立皇后，只能先册封皇贵妃。如今的贵妃钮祜禄氏就是以前我选定给皇帝当侧福晋的，其不仅人品很好，而且还有领导才能，所以将她册封为皇贵妃，既能表率内官，还能更好地孝顺我，给嗣皇帝以爱延福基业。等过了二十七个月后，再举行册封皇后的礼仪。现在册封皇贵妃的礼仪，则按照标准办理。

在乾隆帝的支持下，钮祜禄氏成为乾隆帝指定的未来皇后的临时皇贵妃。虽说皇贵妃地位在皇后之下，但在中宫皇后空缺的时候，可以代行皇后之职。更何况钮祜禄氏是在乾隆帝命令下册封的，而且乾隆帝还明确指示，她的皇贵妃头衔只是过渡性质的临时职务，只要等过了二十七个月就要转正为皇后的。因此，钮祜禄氏是嘉庆帝第二位皇后已成必然的结果。

嘉庆二年（1797）十月十七日午时，以体仁阁大学士刘墉为正使，礼部左侍郎铁保为副使，持节赍册宝，册封贵妃钮祜禄氏为皇贵妃。然而，由于孝淑睿皇后的二十七个月的丧期要到嘉庆四年（1799）五月才能结束，谁也没有想到的是，在她的皇贵妃身份就要结束的那年，半路上出现了意外情况，嘉庆四年（1799）正月初三日，太上皇帝乾隆帝也死了。于是，她不得不再等上又一个二十七个月的丧期，册立她为皇后的典礼再次被延长到了嘉庆六年（1801）四月十五日。在册封她为皇后的这一天，嘉庆帝升御太和殿，宣布册立皇后，命文华殿大学士董诰为正使，内阁学士普恭为副使，持节赍册宝，册立皇贵妃钮祜禄氏为皇后。由于心情高兴，还是生育旺期的钮祜禄氏又备受恩宠，在她被册立为皇后的第四年，即嘉庆十年（1805）二月初九日子时，年仅三十岁的钮祜禄氏又为嘉庆帝生下了皇四子绵忻。嘉庆帝共有五位皇子，其中有两个是钮祜禄氏所生。

嘉庆帝死后刚两天，四十五岁的钮祜禄氏就被尊为皇太后，迁居寿康宫。嘉庆二十五年（1820）十二月初二日，道光帝为她恭上徽号，尊称"恭慈皇太后"。道光二年（1822）十一月二十七日，因册立皇后，再次给她加徽号"康豫"二字。道光八年（1828）十一月初八日，因新疆张格尔叛乱被平定，第三次加上皇太后徽号"安成"二字。道光十四年（1834）十月二十一日，因册立摄六宫事的皇贵妃为皇后，第四次恭加皇太后徽号"庄惠"二字。道光十五年（1835）十月初十日是皇太后的六十岁圣诞之日，十月初九日，道光帝第五次恭加皇太后徽号"寿禧"二字。道光二十五年（1845）十月初十日为皇太后七旬大寿，在十月初六日，道光帝第六次恭加皇太后徽号"崇祺"二字，至此，钮祜禄氏的皇太后徽号全称为"恭慈康豫安成庄惠寿禧崇祺皇太后"，简称"恭慈皇太后"。

道光二十九年（1849）十二月初七日，六十八岁的道光帝陪着

七十四岁的皇太后从京西的绮春园（圆明园三园之一）回到了紫禁城。当时正值严冬，天气寒冷，加上皇太后年事已高，回宫第二天即腊月初八日，皇太后病倒了。道光帝认为皇太后的年岁大了，容易闹点小病，只需要静养几天就会好，因此并没有特别的重视。在此期间，他每天都到皇太后的寝宫寿康宫长乐敷华殿（寿康宫后殿）看望皇太后。没有想到的是，十二月十一日，皇太后的病竟变得严重了，下午（申时）的时候，皇太后最终病死，终年七十四岁。皇太后得病才四天就离开了人世，对于大孝的道光帝来说，虽然自己比皇太后只小六岁，但他却视皇太后如同生母一般。因此，他对于皇太后的死，悲恸万分，号啕痛哭，并剪发穿上了孝服，因为太过悲痛，以至水米不进。十二日午时，皇太后大殓，安奉棺椁于慈宁宫正中。道光帝以养心殿为守灵地点，每天早、午、晚三次到大行皇太后棺椁前供奠行礼举哀，哭必尽哀。十二月二十一日卯时，大行皇太后棺椁奉移绮春园迎晖殿暂安。道光帝因哀痛过度，丧事繁劳，加之年事亦高，离皇太后的死不过三十三天的时间，道光三十年（1850）正月十四日，道光帝也病死。道光帝死后，他的儿子咸丰帝继续办理恭慈皇太后的丧事。道光三十年（1850）三月初一日，咸丰帝给恭慈皇太后行上谥礼，册谥为"孝和恭慈康豫安成应天熙圣睿皇后"。三月二十日卯时，孝和睿皇后棺椁奉移昌陵隆恩殿暂安，咸丰帝跪送后回圆明园，由惠亲王绵愉等护送到昌陵。三月二十四日，孝和睿皇后棺椁到达昌陵，停放于隆恩殿西间。道光三十年（1850）九月二十二日，在昌陵隆恩殿为孝和睿皇后举行加谥礼，咸丰帝亲自恭上尊谥册宝，加上"钦顺"二字。

孝和睿皇后谥宝文

　　咸丰三年（1853）二月二十四日辰时，孝和睿皇后棺椁从昌陵隆恩殿奉移到昌西陵，二月二十六日卯时，葬入昌西陵地宫，恭亲王奕䜣、惇郡王奕誴、文华殿大学士裕诚等随入地宫敬视安奉，即日行点主礼，由文华殿大学士裕诚、协办大学士贾桢恭点神主。咸丰三年（1853）三月初二日，孝和睿皇后神牌升祔太庙。咸丰十一年（1861）七月二十七日，同治帝加上谥号"仁正"二字。最后，孝和睿皇后谥号全称为"孝和恭慈康豫安成钦顺仁正应天熙圣睿皇后"，简称"孝和睿皇后"。

　　嘉庆帝的两个最高身份的女人，因为身份高贵，即使不与嘉庆帝合葬，也能得享死后自己独门独院的最高级别的待遇。而那些身份等级稍差一点的女人们，则没有这么好的死后待遇，只能大家相互理解、宽容地"群居"在一个墓地内，于是嘉庆帝的昌陵妃园寝成为她们死后最后的归宿。

第七章

这个『天堂』很简陋

　　嘉庆帝的昌陵妃园寝，虽然是与昌陵同时兴工营建，但其建筑规制明显低于其他妃园寝，没有按照泰陵妃园寝样式营建。然而，尽管其规制很低，但仍有其独特新颖之处。内葬主人也存在一些匪夷所思的谜团。

一、最寒酸的墓地

作为昌陵的附属建筑，嘉庆帝的昌陵妃园寝位于昌陵以西约二里远的地方，始建时间与昌陵营建基本同步，昌陵工程处负责营建，由达琳、万昇两大臣负责具体监督，具体完工时间不详。

别看嘉庆帝将自己的昌陵营建得富丽堂皇、规制完备，但是他自己的妃园寝建得非常简朴，不知嘉庆帝这样做仅仅是出于节俭，还是因为他具有大男子主义思想，结果就是，昌陵妃园寝既没有按照他所说的按照泰陵妃园寝规制所建，也没有遵照其他妃园寝的标准，以至于昌陵妃园寝成了清朝陵寝中规制最低的一座妃园寝。

昌陵妃园寝坐北朝南，是清西陵的第二座妃园寝，其风水形势为壬山丙向，兼子午辛亥辛巳分金。根据实地考察，其规制大致如下：

园寝最前面有一条马槽沟，正中建一孔拱桥一座，两旁无平桥之设。东西厢房各三间，布筒瓦顶，单檐硬山顶。东西值班房各三间，单檐硬山卷棚顶。

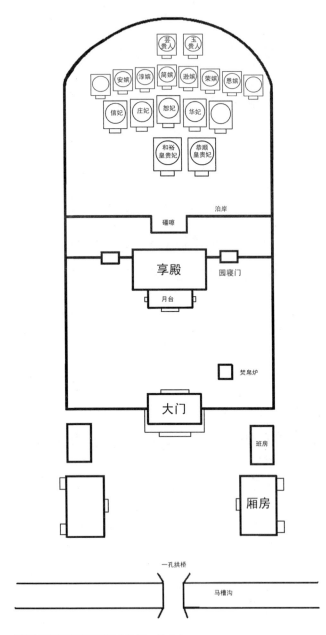

昌陵妃园寝平面示意图（绘图：徐鑫）

昌陵妃园寝一孔拱桥

昌陵妃园寝东厢房

昌陵妃园寝东班房

　　大门面阔三间，单檐歇山顶，绿色琉璃瓦顶。进前院，左侧焚帛炉一座，通体用绿色琉璃瓦料构成，单檐歇山顶。

昌陵妃园寝大门

昌陵妃园寝焚帛炉

享殿面阔五间，单檐歇山顶，绿色琉璃瓦盖顶，内设神龛。殿前建月台，陛三出。

昌陵妃园寝享殿

昌陵妃园寝享殿内天花

昌陵妃园寝享殿内神龛

园寝门二座，分别建在享殿两旁，为随墙门，无门楼。

昌陵妃园寝东园寝门

享殿后为一高泊岸（高坎），泊岸边沿成砌宇墙，正中设石礓。

昌陵妃园寝享殿后泊岸

后院有宝顶十七座，分成前后四排，前面第一排有宝顶二座，第二排有五座，第三排有八座，第四排有两座。每座宝顶下建砖石月台，月台前设石踏跺。

昌陵妃园寝各个地宫内，是否设有排水用的龙须沟，目前不得而知。

以上为昌陵妃园寝的实际建筑规制，通过与其他陵妃园寝比较，最为显著的有四点不同：

1. 该园寝前的马槽沟上，只有一座一孔拱桥，没有平桥。

2. 该妃园寝的东西厢房，均是面阔三间，与标准妃园寝规制相比，少了两间。

3. 该妃园寝的前院地面，只有大门至享殿之间是砖墁地面，其余地方都是土地。而其他的妃园寝，前院全部是大砖墁地面。

4. 该陵寝后院的陵寝门是两座便门，没有中门及门楼，且是建在享殿东西房山的两侧，只能称为随墙门。

昌陵妃园寝的这四处显著改变，显然是为了降低建陵成本，节省开支。但通过此处的比较，不仅反映出清朝国力的衰退，也说明嘉庆帝在务实的基础上，还有很强的封建礼教中的男权主义思想，因为他的陵寝在建筑规制和规模上，一点都没有体现出节俭的本意，于是把此时应该的节俭用在了自己妃园寝的建筑上，最终致使昌陵妃园寝的建筑规制既不能与前朝妃园寝相比，也落后于后代的妃园寝。

尽管这座妃园寝为了节俭而规制最低，但却不乏新奇之处，这在简朴中倒也平添了一些新颖。

1.享殿后设有独特的石礓磜

在昌陵妃园寝的享殿后面，即该园寝的后寝，有一道高一米多的泊岸，泊岸上砌有矮墙，矮墙的正中留有一个豁口，豁口处则是一道石块修建的带有防滑横纹的小慢坡（石礓磜），作为通道供人上下行走使用。为什么是礓磜而没有修建石台阶呢？估计这是因为人行走这上面，会低头看路，以此来迫使人低头以示对死者的敬仰；而台阶则可以不用低头行走。这是清朝妃园寝里唯一的特例。泊岸与享殿之间种植仪树。

2.地沟眼盖

为了将泊岸上的众多宝顶间的积水排泄出去，在泊岸上设有四个泄水用的鱼眼地漏，地漏通往泊岸外的水沟，为了防止流水携带杂物堵塞地漏，都设有地漏盖。昌陵妃园寝的地漏盖，其形状很像古时将军的头盔。这是目前能看到的唯一地漏盖实物，因此有很高的历史价值。

昌陵妃园寝享殿后石礓磜

昌陵妃园寝享殿后院仪树

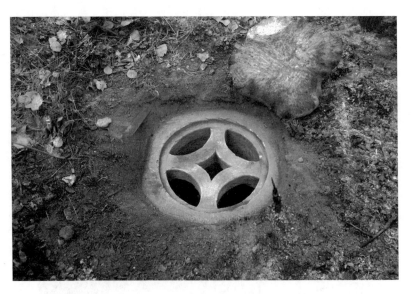

地沟眼掀开情景

地漏盖盖上情景

对于昌陵妃园寝来说，内葬妃嫔的宝顶分布情况是研究分析的重点，经过综合分析后笔者整理如下。

第一，昌陵妃园寝中宝顶有四排，从南向北分别为两座、五座、八座、两座。其中第一、第三、第四三排的宝顶分布不对称。第一排两座，中间一座、东侧一座；第二排五座，中间一座、东西各两座，左右（东西）对称分布；第三排八座，中间一座、东侧四座、西侧三座；第四排两座，中间一座、东侧一座。即东西四行排列中，各有一个宝顶是按照南北陵寝中轴线排列的。

昌陵妃园寝中出现这样左右不对称的情况，并不是孤例，据考证，乾隆帝的裕陵妃园寝也有此种情况。其中，裕陵妃园寝的最后一排宝

顶，中间有一个小于一座宝顶的空位，东侧两座、西侧三座。慕陵妃园寝的第一排中间为孝静成皇后宝顶，东侧为庄顺皇贵妃宝顶。但是都只有一排不对称。

如果说出现这种不对称现象是由于宝顶是双数的话，但在定陵妃园寝的宝顶排列中，第二排的六座宝顶，却都是左右各三座且对称排列的。对此，经过研究和分析后，笔者认为，昌陵妃园寝之所以出现这种宝顶排列不对称现象，很可能是由于这些宝顶当时是按照对称排列营建的，但后来有些妃嫔身份等级又发生了变化，致使这些宝顶是先后营建的。

昌陵妃园寝后院第二排墓

昌陵妃园寝后院最后排小宝顶

第二，昌陵妃园寝中的十七座宝顶，目前知道准确身份的只有十四人。而这十四位妃嫔中，其身份等级却只有四个等级，即皇贵妃、妃、嫔、贵人，没有包含清朝妃嫔应有的七个等级。但地宫等级却还是很全面的，其中包括石券、砖券和砖池三个等级。即第一排为皇贵妃，地宫石券；第二排为妃，地宫石券；第三排为嫔，地宫砖券；第四排为贵人，地宫砖池。

第三，前两排的皇贵妃、妃，在享殿中供奉有神牌。五位妃的册封时间各不相同，其时间的先后意味着她们在嘉庆帝后宫中地位的高低。通过研究发现，她们是按照得到封号的先后顺序去世的。昌陵妃园寝的两位皇贵妃，也有同样的特点。虽然这是一种巧合，但是两位皇贵妃去世要晚于已知的四位妃。

第四，昌陵妃园寝后面两排嫔、贵人的入葬位置，她们葬位的排列，没有考虑她们得到封号的时间先后顺序以及在后宫地位的高低，而是严格按照她们去世时间的先后顺序安葬的。其排列顺序为先中间、后两边，距离中间远近相同的先东后西。

第五，第一排的两座宝顶修建形式不同，即和裕皇贵妃的宝顶是夯筑的，而恭顺皇贵妃的宝顶是砖砌的。

还有，该园寝内的宝顶有夯筑和砖砌两种。其中，第一排的恭顺皇贵妃宝顶和最后一排两个宝顶，均为砖砌。

另外，通过档案的研究和对妃园寝的实地考察后发现，嘉庆帝的后宫存在着一个很显著的特性，嘉庆帝去世后，他的那些在世妃嫔全部得到了嗣皇帝的尊奉。这一新制度的出现，使得嘉庆帝的妃嫔成为清朝后宫妃嫔中的第一批受益者，并自此形成惯例。

二、这里死过六个人

据清宫档案记载，昌陵妃园寝的四排宝顶中，前两排地宫均为石券，第三排为砖券，最后一排是砖池，每人一券，里面共葬有嘉庆帝的十七名妃嫔。

按清代陵制，妃及妃以上的地宫皆为石券，以下依次为砖券和砖池。也就是说，低于皇后级别的后宫妃嫔，其死后的地宫等级主要分为三种，即石券地宫、砖券地宫和砖池。

那么，昌西陵的这三种类型的地宫，其规制应该是什么样子呢？下面简单介绍一下。

通过对清朝陵寝实地考察得知，乾隆帝的裕陵妃园寝和康熙帝的景陵皇贵妃园寝内均有皇贵妃等级地宫。这两座陵寝埋葬的皇贵妃不仅身份地位相同，更重要的是她们的地宫均是在乾隆朝营建的，因此她们的地宫规制应该是一样的。又通过对已经开放的纯惠皇贵妃地宫与容妃地宫比较后发现，皇贵妃地宫与妃地宫之间有以下区别：

皇贵妃型地宫以纯惠皇贵妃地宫为例。纯惠皇贵妃地宫地面建筑是以皇后陵建筑制度为蓝本的，建有方城明楼、宝城、宝顶和朱砂碑等，只是尺寸比皇后陵小些，明楼为单檐歇山顶，覆以绿色琉璃瓦（皇后陵明楼为重檐歇山顶，黄色琉璃瓦）。地宫内部为六券一门，分别是隧道券、闪当券、罩门券、石门、门洞券、梓券和金券。隧道券的起点在方城月台前，棺椁入葬后，把隧道券入口砌成礓磜。除隧道券、闪当券和罩门券为砖券，地面铺砖外，其余各券全部为石券，以青白石铺地。石门门楼为单檐庑殿顶，门簪、枋子、冰盘檐子、瓦垄是用一整块石料雕制的，大脊和两条戗脊各用一块石料。戗脊上有三只小兽，分别为狮子、天马和海马，两侧门柱上部为马蹄柱，下部是须弥座，铜铸门管扇。门扇最为精致，也是用整块石料制成的，铺首为兽面仰月衔环，门环上各雕刻一幅二龙戏月的图案。金券内设有宝床（棺床），由大件青白石构成平面矩形，石床迎面雕成须弥座，棺床上停放棺椁。

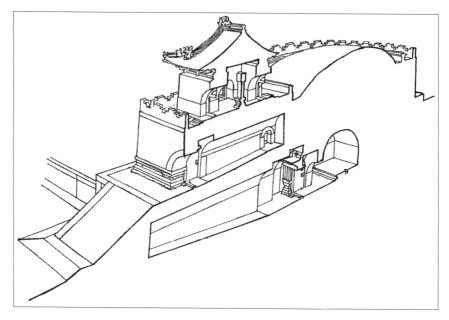

纯惠皇贵妃地宫透视图（绘图：王其亨）

　　妃型地宫以乾隆帝的容妃地宫为例。容妃地宫是标准的妃型地宫，其上部是一个矩形月台，月台上建造宝顶，宝顶为夯筑。地宫构造为四券一门，依次为罩门券、石门、门洞券、梓券和金券。罩门券地面是砖墁。石门以里，地面和券座皆用青白石。石门的兽面衔环铺首与纯惠皇贵妃地宫石门基本相同。金券北半部安设有青白石宝床，面阔与金券相同，石床迎面雕成须弥座。容妃棺椁的南北两头同样用卡棺石卡住。棺椁葬入地宫后，掩闭石门，封砌挡土砖墙，挡土墙外的坡面墓道全部用黄土填实封死。

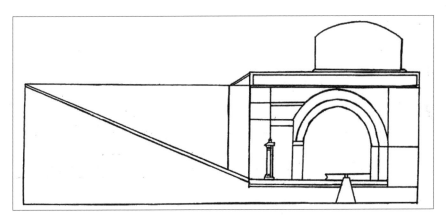

妃型地宫构造示意图（绘图：王其亨）

　　通过以上比较得知，皇贵妃型地宫与妃型地宫在规制上大同小异，乾隆朝营建的皇贵妃型地宫属于清朝鼎盛时期营建的超规制地宫，这种规制地宫在实际中并没有得到推广，乾隆朝之后的嘉庆帝的昌陵妃园寝内石券地宫，就是现在人们常说的妃型地宫，妃型地宫使用者包括皇贵妃、贵妃和妃三个等级的后宫女人。

　　因此通过研究可以得知，昌陵妃园寝的前两排宝顶地宫规制，均是裕陵妃园寝容妃地宫那样的类型。

　　砖券地宫是妃以下等级的嫔型地宫，使用者为嫔和贵人。其地宫地面规制与妃等级差不多，同样建有月台、宝顶等，只不过规模要小很多，且地宫用料是大砖，没有石门。其工程做法大致是这样的：由地面进入地宫，须由月台前隧道下斜向北，地宫内仅有一券，以新样城砖砍细砌为筒拱，轴向南北，券尽端封砌一堵月光墙，前端敞口向隧道。券内墁地用砍细新样城砖，宝床也称"砖床"，用旧样城砖填实，左、右、前三面用砍细澄浆城砖做须弥座式，床面墁砌金砖。棺椁安

奉于宝床正中气土眼上方，两头各卡一块卡棺石。安葬事毕，券口用挡券砖掩闭地宫，挡券砖外隧道填平，上面盖一层黄土。地宫中未设排水沟。

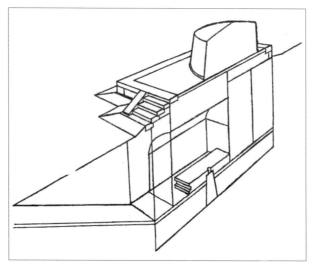

嫔型砖券地宫透视图（绘图：王其亨）

砖池地宫属于常在、答应等身份级别的地宫，是清代陵寝地宫中规制最低的一种类型。其地宫既无券也无隧道，且建造简单，只是一个用砖垒砌而成的长方形地下池子，因此被称为"砖池"。其地面建筑，与妃、嫔型等级差不多，也建有月台和宝顶，但规模却小很多。其建造程序及最后完工是这样的：先掘地为竖穴，再用城砖砌成敞口向上的长方池，里口面阔五尺五寸，进深一丈五尺，深六尺三寸，前无隧道之设。安葬棺椁时只能自池口竖向落下，故也有称之为"天落池"或"天罗池"的。砖池底部墁砖，不设棺床，也无龙须沟。安奉棺椁后，用一尺五寸厚、一丈一尺长的多块豆渣条石或石板盖住池口，称为"棚盖石"，随后砌二尺左右厚旧样城砖及随式城砖数层，然后再在上面筑黄土七寸，最后在上面构筑月台、宝顶，月台前砌垂带踏跺，四周墁散水，至此完成。

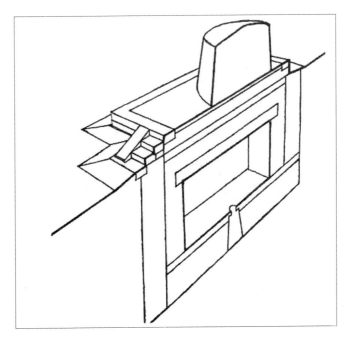

常在型地宫砖池横剖示意图（绘图：王其亨）

因此，根据昌陵妃园寝的最后一排宝顶构造是砖池可以判定，那里安葬的是嘉庆帝后宫身份最低的女人。通过对这些墓葬地宫的规制以及妃园寝墓主人的葬位排列位置的研究，人们不但可以简单了解她们生前在皇宫中的身份地位，还可以进一步了解妃园寝的建筑史。

按清朝陵制，建造陵寝时，根据当时妃嫔人数、地位高低安排位次，固定好位置后，开始施工建造。如某人死后地位晋升，位置一般不做更改，只是在制作工艺和工程原料上做改动。例如，裕陵妃园寝的庆恭皇贵妃，乾隆三十九年（1774）七月十五日死时为庆贵妃，嘉庆四年（1809）正月初四日，嘉庆帝以曾受其抚育，追晋她为庆恭皇贵妃，但并没有增添方城和明楼等建筑，而与忻贵妃、愉贵妃、循贵妃、豫妃、容妃并行排列在纯惠皇贵妃的大宝顶后面。如果妃嫔健在时，地位发生了变化，则墓穴的位置有时也变化。

于是，正因为有这些陵寝制度的存在，昌陵妃园寝的那些地宫，并不是在初建园寝时一次性营建好的，而是随着嘉庆帝妃嫔数量的增加、地位的变化及其自然死亡顺序而营建的。

另外，在陆续营建这些地宫的过程中，昌陵妃园寝曾发生过因工程失误而造成工匠伤亡的两次事故。

第一次发生在嘉庆十七年（1812）三月，在园寝内添修石券工程中筑打地宫内地面灰土时，由于打夯震动力过大，造成塌方，有六个工人因被砸埋而毙命。西陵的泰宁镇总兵官穆克登额个人捐资，将这六人的尸体掩埋后，将此事上奏给了嘉庆帝。接到奏报后的嘉庆帝，当即指令穆克登额等人对于发生的工程事故事件一定要仔细、认真商量，如何避免再次发生坍塌事故，实在不行的话，可以考虑选择新的地点，但一定要上报后才能办理。

第二次发生在道光四年（1824）九月，也是添建一座石券工程。虽然这次施工中吸取了上次伤人的教训，在地宫及隧道的槽帮处都砌筑了砖墙，以阻沙土坍塌，但还是未能抗住筑打夯土的剧烈震动，再次造成隧道两侧槽帮坍塌，又砸伤了多人。

纵观这两次事故的主要原因，就是土内含有砂石，致使土质松散而造成坍塌，这表明昌陵妃园寝这块地方不是一块十分理想的佳壤。

那么，既然昌陵妃园寝不是很理想的陵址，为什么还要使用此地呢？

原来，清朝帝王选择自己的万年吉地的时候，主要考虑的是其帝陵陵址，其他的皇后陵、妃园寝陵址则不在考虑范围内，而作为帝陵附属建筑的皇后陵、妃园寝还必须要建在帝陵的左右附近，因此其选址的范围就要大大缩小了，在没有极佳的陵址情况下，只能是"矮子里拔将军"，选择相对较好的地方营建附属陵寝。于是，尽管风土环境不是很好，昌陵妃园寝还是被建了起来。

三、被集中的记忆

由于历史的局限性，每朝帝王都把自己大部分妃嫔以集体、集中的形式安葬在妃园寝内，因此在内容上，每一个妃园寝都是一个王朝皇帝的众多侍妾的公墓。然而，虽然都是埋葬遗体的安息地，但因为是公墓形式，其园墓的等级自然要比帝、后陵墓都低。这不仅体现在建筑规制上，就是在名称上也有体现，皇帝、皇后的园墓被称为"陵"，而妃子墓却只能称"园寝"，即建成后没有葬入妃嫔时称"妃衙门"，皇帝入葬后最后改称为"某陵妃园寝"。

嘉庆八年（1803），昌陵妃园寝建成之初，因葬入嘉庆帝的恕妃而称为"恕妃衙门"；道光十六年（1836）三月初九日，称为"和裕皇贵妃园寝"；后又正式改称"昌陵妃园寝"。

既然昌陵妃园寝为嘉庆帝后宫集体公墓，是作为皇帝恩赏后宫妃嫔的不同身份等级制度下的一项政治待遇，那么，那些不能与皇帝合葬和单独建陵的、有名号的女人，就统统都被安排到了妃园寝内，遵照尊卑及死亡时间顺序，埋葬在能看得见的历史尘埃的角落里，当然，这也是一个很心酸且漫长的过程。

据比较权威的《清皇室四谱》记载，嘉庆帝有后妃十五人，其中，孝淑睿皇后葬入昌陵地宫，孝和睿皇后葬入昌西陵，余下的十三人则应该葬入了昌陵妃园寝。

根据中国第一历史档案馆《新整内务府档·陵寝事务》记载，昌陵妃园寝后面宝顶、石券、砖券、砖池共十八座，分为四排摆设。第一排宝顶一座，内葬和裕皇贵妃；第二排石券、宝顶五座，左起石券（空）、华妃，恕妃居中，再次为庄妃、信妃；第三排左起砖券、宝顶八座，左起砖券（空）、砖券（空）、荣嫔、逊嫔，简嫔居中，再次淳嫔、安嫔、砖券（空）；第四排砖池、宝顶四座，左起砖池（空）、玉贵人、芸贵人、砖池（空）。

但实际上，昌陵妃园寝宝顶数量是十七个，且第四排为两个宝顶。因此，根据宝顶数量可初步判断，该园寝内应该葬有十七人。由此可知，《清皇室四谱》上的记载有遗漏，是不完整的；中国第一历史档案馆《新整内务府档·陵寝事务》的记载也不准确。这也说明，研究历史完全依靠相信档案记载而不实地考察是不行的。

　　此外，根据研究还发现，如果按照一个宝顶埋葬一人的情况计算，目前该园寝内有三人不知封号和姓名。笔者曾有过这样一个想法：是否那三个宝顶下是空穴？但这只是推测，因为按照常理来说，这样的概率是很低的。即便是恭顺皇贵妃葬位被改建在第一排，其原先在第二排的葬位也会因为没有使用过而葬入其他人的。并且根据惯例，妃园寝的葬位宝顶是多次营建的。但即使如此，也不排除有空穴的可能。

　　现在，根据已经掌握的档案资料，将昌陵妃园寝的十四人生平经历简单介绍一下，以飨读者，更希望能通过抛砖引玉的方式，对尚不知道的那三人史料能有所发现、研究，促进完成历史上这段史料的整理完善工作。

昌陵妃园寝内的和裕皇贵妃宝顶

和裕皇贵妃，刘佳氏，满族，拜唐阿刘福明之女，出生年份不详，生日为正月二十一日。刘佳氏早在乾隆年间就已入侍颙琰潜邸，成为颙琰早期的侍妾之一，颇受颙琰的宠爱。乾隆四十四年（1779）十二月二十九日巳时，她为颙琰生下了第一个皇子，使颙琰尝到了为人之父的滋味。两年以后，乾隆四十六年（1781）十二月十七日巳时，刘佳氏又为颙琰生下了皇三女。颙琰即位后第四天即嘉庆元年（1796）正月初四日册立皇后之日，嘉庆帝命礼部尚书纪昀为正使，内阁学士扎郎阿为副使，持节赍册印，册封刘佳氏为妃。她当时的地位仅次于中宫皇后喜塔腊氏、贵妃钮祜禄氏，居于第三位。嘉庆十三年（1808）四月二十一日，嘉庆帝以喜得皇长孙（旻宁的长子奕纬），翌年又是五旬万寿大庆，所以晋封了一批妃嫔。同年十一月十一日辰时，命文渊阁大学士庆桂为正使，内阁学士哈宁阿为副使，持节赍册宝，册封刘佳氏为贵妃。嘉庆帝崩后不到一个月，即嘉庆二十五年（1820）八月二十三日，道光帝对其皇父的部分未亡人进行了晋封，贵妃以"侍奉皇考最久，年龄亦尊"，被尊封为诚禧皇贵妃。同年十二月二十日巳时举行了册封礼，命礼部左侍郎善庆为正使，内阁学士耆英为副使，持节赍册宝，尊封贵妃刘佳氏为诚禧皇贵妃。

道光十三年（1833）十二月以来，诚禧皇贵妃身体不适，卧病在床。十二月十八日病势转重，于申正二刻移送到吉安所，并开始准备后事。当天晚上，诚禧皇贵妃病逝于吉安所。十二月二十一日，道光帝亲自到吉安所诚禧皇贵妃金棺前奠酒。十二月二十五日卯时，诚禧皇贵妃金棺由吉安所奉移到田村殡宫暂安。道光十四年（1834）二月，诚禧皇贵妃被谥为和裕皇贵妃。道光十五年（1835）九月初八日卯时，和裕皇贵妃金棺从田村殡宫奉移易县西陵，九月十二日到达昌陵妃园寝，九月十三日午时，和裕皇贵妃神牌书写扫青，内阁学士桂森在神牌前上香、行礼。九月十八日酉时，和裕皇贵妃金棺葬入地宫。

和裕皇贵妃神位

恭顺皇贵妃，钮祜禄氏，满族，主事善庆之女，生于乾隆五十二年（1787）四月十二日，比嘉庆帝小二十七岁。嘉庆六年（1801）入宫，初赐号如贵人。嘉庆九年（1804）十二月十八日颁谕，晋封如贵人为如嫔。嘉庆十年（1805）二月初八日戌时生皇八女。同年六月初四

昌陵妃园寝恭顺皇贵妃墓

日举行如嫔册封礼，嘉庆帝命礼部尚书恭阿拉为正使，内阁学士瑚素通阿为副使，持节赍册，晋封如贵人钮祜禄氏为如嫔。嘉庆十五年（1810）九月二十日，晋封为如妃。嘉庆十六年（1811）正月二十五日巳时，生皇九女。同年四月初二日寅时举行如妃册封礼。钮祜禄氏的这两次晋升有一个规律，即诏封都是在她怀孕后生育之前进行的，很显然，她的这两次晋升都与她怀孕有关系。嘉庆十九年（1814）二月二十七日丑时，如妃给嘉庆帝生下了最后一位皇子即皇五子绵愉。嘉庆帝死后，嘉庆二十五年（1820）八月二十三日，道光帝以如妃"诞育惠郡王（皇五子绵愉）"尊封为如贵妃。同年十二月二十日巳时举行册封礼，命礼部右侍郎书铭为正使，内阁学士毛谟为副使，持节赍册宝，册封如妃钮祜禄氏为如贵妃。道光二十六年（1846）三月初三日，被晋尊为如皇贵妃。道光帝在上谕中说：

如贵妃侍奉皇考有年，淑慎素著。随侍慈闱，允昭谨恪。兹
年届六旬，宜崇位号，以介繁厘，著晋封为皇贵妃。

同年十二月初九日①巳时举行册封礼，以体仁阁大学士卓秉恬为正使，
礼部右侍郎倭什纳为副使，持节赍册宝，册封如贵妃为如皇贵妃。如
皇贵妃居住在寿安宫。道光帝崩后，道光三十年（1850）正月二十二日，
咸丰帝谕内阁："如皇贵妃承侍皇祖多年，迭经皇考加崇位号，现在年
龄最尊，允宜特晋隆称，以申敬礼，谨尊封为如皇贵太妃。"咸丰元年
（1851）三月初十日举行尊封礼，命武英殿大学士（已由体仁阁大学
士改为武英殿大学士）卓秉恬为正使、礼部左侍郎联顺为副使，持节
赍册宝，尊封如皇贵妃为如皇贵太妃。这表明先帝崩逝、嗣帝即位后，
并不是自然地一律称先帝的妃嫔为太嫔、太妃的，必须要经过皇帝的
正式诏封、册封，起码皇贵太妃是这样。咸丰十年（1860）闰三月初
三日未时，如皇贵太妃病逝于圆明园，享年七十四岁，第二天巳时，
如皇贵太妃遗体殓入金棺。同日，如皇贵太妃金棺奉移到吉安所暂安。
咸丰帝亲自到吉安所为这位祖母辈的皇贵妃醊酒。咸丰十年（1860）
五月二十二日卯时，在吉安所行赠谥礼，谥为"恭顺皇贵妃"。八月
十九日，恭顺皇贵妃金棺奉移到崇各庄殡宫暂安。咸丰十一年（1861）
二月二十二日寅时，恭顺皇贵妃金棺奉移西陵，到妃园寝后停放在享
殿东次间，二月二十七日葬入地宫。

现在人们看到的恭顺皇贵妃地宫是后来改建的。原来，虽然恭顺

---

① 《宣宗成皇帝实录》记载为十二月初十日。

皇贵妃在妃园寝的葬位早在道光年间封皇贵妃之前就已确定，但由于其身份地位屡屡提升，其在园寝的葬位也要随之变动。

按清陵制度，妃嫔的葬位是根据妃嫔的地位、身份来确定的。地位高的在前排，地位越低下，越往后排安设。如果在同一排，则地位高的居中，地位低的往两侧安设。

当时，昌陵妃园寝内最前排只有一券，并且位于妃园寝最前排的正中位置，还是唯一的石券。这是因为该园寝只葬有一位皇贵妃等级的和裕皇贵妃，因此，当恭顺皇贵妃被晋封为皇贵妃后，就将其葬位改到最前排的和裕皇贵妃葬位左边，并且重新建造地宫、宝顶。在营建恭顺皇贵妃的宝顶时，原来的设计方案中曾经有须弥座，但道光帝认为，和裕皇贵妃地位高于恭顺皇贵妃，和裕皇贵妃没有而给恭顺皇贵妃修建须弥座，这是不合适的，所以就修改了原设计方案。道光二十七年（1847）二月十五日卯时，该地宫开工，当时估银一万九千五百二十七两。

华妃，侯氏，亦作"侯佳氏"，满族，上驷院卿讨柱之女，嘉庆帝即位前就已入侍潜邸，是一名侍妾。乾隆五十四年（1789）六月十二日未时生皇六女。嘉庆元年（1796）正月初四日册立皇后这一天，侯氏被册封为莹嫔。册封莹嫔的正使是礼部左侍郎铁保，副使是内阁学士那彦成。嘉庆六年（1801）正月初八日，嘉庆帝颁发谕旨，晋封莹嫔为华妃，同年四月十五日举行了册封礼，礼部尚书纪昀为正使，内阁学士吉伦为副使，持节赍册印，册封莹嫔为华妃。三年后，华妃于嘉庆九年（1804）六月二十八日薨逝。同年七月初二日，嘉庆帝亲自到吉安所华妃金棺前赐奠。嘉庆九年（1804）七月十七日，华妃金棺奉移田村殡宫暂安。嘉庆十年（1805）二月初七日奉移易县西陵，是月葬入昌陵妃园寝。

华妃神牌

　　恕妃，完颜氏，满族，轻车都尉哈丰阿之女。乾隆五十一年（1786）行纳彩礼，不久与颙琰成婚，成了侧福晋。但婚后没几年就去世了。嘉庆帝即位以后，于嘉庆二年（1797）四月二十二日给内阁发布了一道谕旨：

从前，朕之侧福晋完颜氏、格格关氏、沈氏，或系皇父指赏，或生有公主，今俱早已溘逝，著加恩将侧福晋完颜氏追封恕妃，格格关氏追封简嫔，格格沈氏追封逊嫔，交内务府大臣等，按其追封品级，照例办理，暂停于静安庄之傍所，俟万年吉地完竣，再随同皇后梓宫送往。

嘉庆二年（1797）六月十八日辰时，在静安庄殡宫举行了恕妃、简嫔、逊嫔的追封礼。嘉庆八年（1803）昌陵妃园寝完工，同年十月十二日寅时，恕妃金棺、简嫔金棺、逊嫔金棺以及逊嫔生的皇五女的金棺随同孝淑睿皇后梓宫奉移西陵，十月十七日到达西陵，之后不久，分别葬入妃园寝和公主园寝。

庄妃，王氏，亦作"王佳氏"，举人伊里布之女，生年不详，六月十五日生辰，颙琰即皇帝位之前就已是潜邸的一名侍妾了。颙琰即位后，封她为春常在。嘉庆三年（1798）三月晋封为春贵人。嘉庆六年（1801）正月初八日，春贵人被晋封为吉嫔，同年四月十五日，命礼部右侍郎扎郎阿为正使，内阁学士玉麟为副使，持节赍册，晋封春贵人为吉嫔。嘉庆十三年（1808）四月二十一日，嘉庆帝以喜得皇长孙，翌年又是嘉庆帝的五旬万寿，为此晋封吉嫔为庄妃。同年十一月十一日辰时，举行册封礼，命东阁大学士禄康为正使，内阁学士王福为副使，持节赍册印，册封吉嫔王佳氏为庄妃。

嘉庆十六年（1811）二月十五日，卯时，庄妃病死于圆明园，金棺暂安于畅春园西侧的西花园。二月十七日、二十一日，嘉庆帝先后两次到西花园庄妃金棺前赐奠。二十一日，庄妃金棺由西花园奉移到田村殡宫暂安。闰三月十二日辰时，庄妃金棺由田村殡宫奉移西陵，十六日到达昌陵妃园寝。嘉庆十六年（1811）闰三月十九日午时，庄妃金棺葬入地宫。

信妃，刘佳氏，满族，将军本志之女。在清宫档案中，首次出现信贵人名字的时间是嘉庆三年（1798）三月。嘉庆十三年（1808）四月二十一日，嘉庆帝以喜得皇长孙，明岁又是五旬万寿，晋封信贵人为信嫔，同年十一月十一日辰时命礼部尚书恭阿拉为正使，内阁学士博庆额为副使，持节赍册，册封信贵人刘佳氏为信嫔。在此以后的十二年中，刘佳氏再也没有得到升迁。嘉庆帝死后不到一个月，道光帝于嘉庆二十五年（1820）八月二十三日颁谕，晋封信嫔为信妃，同年十二月二十日巳时，举行册封礼，命礼部右侍郎吴烜为正使，内阁学士李宗昉为副使，持节赍册印，册封信嫔刘佳氏为信妃。好景不长，刘佳氏被晋封为妃只有二年，便于道光二年（1822）十月十三日病死。道光三年（1823）二月十九日卯时，信妃金棺奉移西陵。同年二月二十六日，信妃金棺葬入昌陵妃园寝。

简嫔，关氏，亦作"关佳氏"，拜唐阿德成之女，原为颙琰即位前的潜邸格格，是颙琰早期的妻妾之一。乾隆四十五年（1780）四月十一日丑时生皇长女。关氏于嘉庆帝即位前去世，卒年不详。嘉庆二年（1797）四月二十二日追封关氏为简嫔。同她一起被追封的还有两位在嘉庆帝即位前去世的原侧福晋完颜氏、格格沈氏。完颜氏追封为恂妃，沈氏追封为逊嫔。她们三人的金棺停放在静安庄殡宫内的东圈殿。嘉庆二年（1797）六月十八日辰时，嘉庆帝在静安庄殡宫举行她们三人的追封典礼。嘉庆八年（1803），昌陵及昌陵妃园寝建成，这一

年的十月十二日寅时，简嫔金棺、恕妃金棺、逊嫔金棺及五公主金棺随同孝淑皇后梓宫一起奉移易县西陵，十月十七日到达西陵，分别葬入昌陵、妃园寝及公主园寝。

逊嫔，沈氏，亦作"沈佳氏"，内务府大臣职衔永和之女，嘉庆帝即位前的潜邸格格。乾隆五十一年（1786）十一月十一日巳时生皇五女，不久沈氏去世。嘉庆帝即位后，并没有忘记已去世的沈氏，于嘉庆二年（1797）四月二十二日，追封沈氏为逊嫔。同时嘉庆帝还追封早年去世的原侧福晋完颜氏为恕妃，原格格关氏为简嫔。她们三人的追封典礼在六月十八日辰时于静安庄殡宫举行。由于当时妃园寝还没有动工营建，所以她们的金棺只能停放在殡宫。嘉庆八年（1803）十月十二日寅时，孝淑皇后梓宫奉移易县西陵，恕妃、简嫔、逊嫔及逊嫔所生的早殇的皇五女的金棺均随同奉移西陵，十月十七日到达西陵，几天之后，分别入葬昌陵、妃园寝和公主园寝。

荣嫔，梁氏，员外郎光保之女，嘉庆帝即位前的潜邸低级侍妾。嘉庆元年（1796）被封为荣常在。据清宫档案《女子妈妈里银两档》载，从嘉庆元年（1796）到嘉庆十年（1805）十二月，一直是荣常在，嘉庆十一年（1806）正月至十二月为荣贵人。可是，到了嘉庆十二年（1807）正月至四月又是荣常在，从这一年的五月开始，一直到嘉庆二十五年（1820）七月嘉庆帝崩逝，始终是荣贵人。这里的封号变化，不知道期间发生过哪些变故。在嘉庆帝死后不到一个月，嘉庆二十五年（1820）八月二十三日，道光帝颁布谕旨，晋升荣贵人为荣嫔。同年十二月二十四日午时举行册封礼，命内阁学士舒英为使，恭赍金册，晋封荣贵人为荣嫔。道光六年（1826）五月初十日辰时，荣嫔病死，同日未时殓入金棺，金棺暂安西郊西花园。五月二十日，荣嫔金棺由西花园奉移到田村殡宫暂安。道光七年（1827）二月二十一日寅时，荣嫔金棺由田村奉移西陵，二月二十五日到达西陵，二月二十八日巳时，荣嫔葬入昌陵妃园寝。

淳嫔，董氏，亦作"董佳氏"，委署库长时泰之女，五月二十四日生辰。在清宫档案《女子妈妈里口分肉银档》记载中，嘉庆二年（1797）十一月首次出现淳贵人之名。嘉庆六年（1801）正月初八日，淳贵人晋升为淳嫔，同年四月十五日，命礼部右侍郎刘躍云为正使、内阁学士台费荫为副使，册封淳贵人董氏为淳嫔。在以后的十八年中，董氏始终在嫔位。嘉庆二十四年（1819）十月十三日巳时淳嫔去世，十月十七日行初祭礼，二十八日行大祭礼，十一月十九日巳时，淳嫔金棺奉移西陵，月内葬入昌陵妃园寝。

安嫔，苏完尼瓜尔佳氏，满族，公安英之女，乾隆五十年（1785）正月二十一日申时生，比嘉庆帝小二十五岁。据清宫档案记载，嘉庆三年（1798）三月首次出现安常在，终嘉庆一朝未获晋升，由此观之，这位安常在颇不受嘉庆帝的宠爱。嘉庆帝死后，她才时来运转。嘉庆帝死后刚二十八天，新即位的道光帝旻宁晋尊安常在为安嫔，一下子就连升了两级，同年十二月二十四日午时，道光帝命内阁学士毛谟为使，恭赍金册，册封这位当了二十二年常在的苏完尼瓜尔佳氏为安嫔。苏完尼瓜尔佳氏在嫔位又度过了十六个春秋，于道光十七年（1837）六月二十七日丑时死去，终年五十三岁，当日午时遗体殓入金棺，金棺停放于西花园。七月初四日卯时，奉移田村殡宫暂安，同年十一月

二十一日卯时，安嫔金棺奉移西陵，十一月二十七日巳时，葬入昌陵妃园寝。

　　恩嫔，乌雅氏，左副都御史万明之女，九月二十四日生辰。在清宫档案中，从嘉庆十二年（1807）后半年出现恩贵人，终嘉庆一朝未获晋封。嘉庆二十五年（1820）八月二十三日，刚即位不到一个月的道光帝，对被皇父冷落了十几年的恩贵人予以晋封，同年十二月二十四日午时，道光帝命内阁学士恒龄恭赍金册，册封恩贵人乌雅氏为恩嫔。道光二十六年（1846）十二月初十日恩嫔溘然长逝。金棺暂安于田村殡宫。道光二十九年（1849）九月十七日午时，恩嫔金棺奉移易县西陵，九月二十五日巳时，葬入昌陵妃园寝。

　　玉贵人，嘉庆二年（1797）十一月，玉贵人在清宫档案中首次出现。嘉庆十九年（1814）十月初七日死去。其彩棺漆饰十五遍。十月十七日行初祭礼，二十二日行大祭礼，十一月初七日行初满月礼。嘉庆二十年（1815）二月二十一日卯时，玉贵人彩棺奉移西陵，二月二十九日寅时，入葬昌陵妃园寝。

　　芸贵人，在清宫档案《后妃年总》记载中，芸贵人的名字于嘉庆九年（1804）四月首次出现。嘉庆十年（1805）七月十九日，芸贵人死去。最初，芸贵人彩棺停放在吉安所，十一月二十三日，芸贵人彩棺奉移殡宫，内庭主位等到吉安所芸贵人彩棺前奠酒、目送。同年十二月十一日，芸贵人彩棺入葬昌陵妃园寝。

　　在昌陵妃园寝内，除了那三位不知封号姓名的妃嫔，其实，还有更令人感到身份特殊的一位神秘女子，她就是嘉庆帝的庄妃。

昌陵妃园寝内的玉贵人墓（提供者：邢宏伟）

四、这个女人很神秘

在昌陵妃园寝的第二排西侧第二座宝顶下面，埋葬着嘉庆帝的庄妃。其中，庄妃的"庄"字是她在宫中受到的封号，庄妃的"妃"则是她在宫中的身份地位等级。

现在，庄妃的姓氏和生父能简单知道，但她的身份背景及人生经历依旧不甚清楚，而且由于在她身上曾发生的两件事情，更令人对其身份感到了神秘。

清朝，妃嫔等封号的确定都是由皇帝直接确定，妃嫔级别晋升或下降，一般其封号不变。

庄妃在嘉庆帝颙琰当皇帝前，就已经是颙琰的一名侍妾。颙琰即位后，先后被册封为春常在、春贵人、吉嫔乃至庄妃。由贵人到妃，

晋升了三次，封号也变了三次，在清代，这种情况是很少见的。于是疑问就出现了，为什么庄妃生前的每次晋封，嘉庆帝都会改变其封号呢？嘉庆帝对于一些祖制还是很守旧的，何况其他妃嫔都没有发生过类似的封号改变。这是庄妃生前存在的一大疑问。

还有，庄妃死后，同样存在着一件令人匪思的事情：嘉庆帝曾令孝和睿皇后去西陵参加庄妃的入葬礼。

昌陵妃园寝内的庄妃墓

嘉庆十六年（1811）二月十五日，庄妃病死后，经过钦天监择选吉日，定于同年闰三月十九日葬入妃园寝地官。在庄妃棺椁还未到达西陵的时候，闰三月十四日，孝和睿皇后从圆明园出发赶往西陵。对于这一事件的过程，官方的《仁宗睿皇帝实录》里面并没有记载，但在嘉庆十六年二月二十五日的《内务府来文》中却有着详细的记载：

奉旨：

闰三月十四日皇后由圆明园启程，十七日住良（梁）各庄。十八日恭谒泰陵、泰东陵、孝淑皇后陵寝，庄妃前赐奠。十九日看视庄妃永远奉安。二十日恭诣孝淑皇后陵寝后到妃衙门，二十日仍住良各庄。二十一日启程，二十三日住黄新庄，二十四日接驾后，还圆明园。钦此。

由此可以看出，孝和睿皇后参加庄妃的入葬礼不仅嘉庆帝知道，还是奉嘉庆帝谕旨行事，并且嘉庆帝对此事还做了详细的行程安排。

按理说，清朝并没有皇后参加妃入葬礼的制度。那么，孝和睿皇后参加庄妃的入葬礼，而且还是奉嘉庆帝谕旨秘密参加，是庄妃在嘉庆帝那里很得宠，还是皇后与庄妃个人感情深厚主动要求参加的呢？对这件事情发生的理由，无论官方还是私人笔记，现在都没有发现相关的解释记载。

纵观庄妃生前的晋升封号屡次改变，以及她死后获得的特殊殊荣，都不禁令人对她的身份和宫中经历产生诸多遐想和猜测。

沉默的代价

尾声

对于历史人物，尤其是历代历朝的帝王，无论是评论还是研究，如要真实客观地给予历史定位，不仅要看他在历史档案的记载，还要看他真实留存在世间的历史遗物。也就是说，了解历史，既要看史料，更要看实物。所谓的"实物"，在这里是指封建帝王的皇陵。帝王陵墓所独有的历史地位和社会属性，使其不仅凝聚着丰富的文化内涵，且能折射出那段历史风云变化的过程。

清嘉庆帝作为清朝入关的第五位皇帝，他的王朝是清朝统治中一个非常重要的历史时期。在那段不寻常的历史上，清朝统治者过多的精力、财力花在了平灭、绞杀民众、剿匪的起义、叛乱上，清王朝的朝政、国势都开始在这个时期表现出了明显的衰败迹象，这种衰败迹象不仅在历史的文字记载中有体现，就是在嘉庆帝的陵墓上也有着十分明显的发现。因此，嘉庆朝被认为是清朝统治兴衰的转折点。

嘉庆朝是一个很特殊的历史时期，按照政权变化，可以划为两个时期。第一个时期，即傀儡时期。在即位之初的三年，嘉庆帝一直受制于乾隆帝这个太上皇帝，所有的言行都要受到监督和限制。这个时期，处处体现出乾隆帝的这样一种思想：我给你的，才是你的；不给你，你不能抢。不仅是物质、尊荣，也包括至高无上的权力。对此，嘉庆帝深厚的素质涵养在这时候表现得淋漓尽致，他对所有事情，不管是国家的还是他个人的，都保持着高度的警惕性，用麻木和装傻来哄骗、欺瞒乾隆帝和当朝第一大贪官和珅，为自己颁布政令、推行新政铺平道路。第二个时期，即亲政之后。天降大任，必先苦其心志。嘉庆帝正是在这种艰难的政治环境中，磨炼了自己忍耐的毅力。以静

制动，以逸待劳。最终他拿到真正的皇权，铲除了和珅。既要有谋，还要有勇。对于这点，嘉庆帝看得透，也领会得深。在治理国家的其他方面，嘉庆帝也都以身作则，处处讲究高效和职能，力图用自己的勤政和务实精神，改变国家的衰败。最终嘉庆帝没有能够扭转国家的衰败局面，但对于他来说，他已经尽了最大的努力了，他的行为本质还是好的。

在历史上的嘉庆朝，乍看之下，嘉庆帝留给人们的历史印象平淡无奇、没有大的作为，而且他的陵墓似乎与他本人一样，也是普通平凡，属于中规中矩的一代帝王墓，找不出来与其他陵寝之间存在的新、奇、特等优势，其实，这种看法是错误的。因为嘉庆帝的昌陵是"外式照泰陵，内式照裕陵"营建，因此昌陵实质上属于做人低调的那种内秀型。但又由于国家财力以及嘉庆帝大男子主义的思想倾向，其陵寝的附属陵墓在规制上，则明显要低于其他的皇陵。

为什么会出现这种现象呢？

当清王朝的统治到了嘉庆朝，官场上的营私舞弊、欺下瞒上的腐败风气已经严重影响了大清国的统治，这种风气在乾隆朝末期就明显表现出来。又由于乾隆帝所谓的让位不让权的禅位，很自然地将上一代的恶劣作风带到了嘉庆朝，大清王朝的"肌肤之症"此时演变成了"肠胃之病"。

要知道，在正常气压下，水在零度结为冰，加热到100℃就会沸腾，这是水在自然界的底线和上线。万事万物发展过程中都有自己的"临界点"。统治国家也是如此，当作为被统治者的百姓所能承受的压力超过某一点，量变的事物就会发生质变。但作为统治者的嘉庆帝，依旧以不变的守成姿态对待已是多事之秋的大清王朝命运，国家的统治自然要走向弱势。这时候的大清帝国，需要的应该是像雍正帝那样的铁腕政治家。然而，嘉庆帝存在本质上的性格弱点，虽然他也讲究办实事，但由于其本质是仁厚宽容的帝王，因此在他颁布的政令中出现了很多被打了折扣以及有令不严格执行的尴尬局面，以至于他的陵墓都出现了严重质量问题和工程事故，那些都是人为的原本不该发生的事情。所有这一切，都是嘉庆帝的沉默性格带给国家的沉痛代价。

通过对嘉庆帝历史和陵墓的深入研究，不难发现，历史上的嘉庆帝，无论是在国家政绩上还是在陵墓上，都颇有心得和创意，这种创意不仅是他的高明之举，也是他的做人之本。由此可以得出这样的结论：对嘉庆帝的人格特点评价只能说是平庸中的平凡，平凡中的平静，平静中的波折；而对嘉庆帝的陵墓特点评价则是普通中的经典，经典中的精致，精致中的多难。

因此可以这样说，皇陵是封建王朝时运兴衰的一面镜子，是研究、探讨历史文化的钥匙和突破口，通过皇陵的发展变化和特点，不但能加深对历史变革和社会发展规律的认识，而且能更好地继承和延续中国的传统文化，还能满足、丰富和充实人们的生活。热爱生活，珍爱生活，从历史中吸取生活的营养和教训。

附录

附录 1

嘉庆帝遗诏

朕仰蒙皇考高宗纯皇帝授玺嗣位，亲承训政三年，惟以敬天法祖勤政爱民为保邦制治之大经。履位以来，严恭寅畏，惟日孜孜，思天立君以为民，以养以教，责在一人。亲政之初，值川陕楚邪匪未靖，训励统兵大员，整饬戎行，筹笔四载，逋寇以次歼除，嗣是海宇乂安，闾阎乐业。朕怀保惠鲜，与民休息，乃十八年复有奸民作慝，阑入禁门，逆党勾连曹滑，蔓延三省。幸赖上天祐顺，渠魁捕戮，余孽殄夷，为期曾不再月，中外肃清。朕深思邪教之害民，屡申训谕，以肃吏治，以正人心，整纲饬纪，期于政清而俗厚，盖未尝一日释诸怀也。黄河自古为中国患，先是云梯关下海口垫淤，下壅上决，屡有漫溢之警，朕不惜帑金，堤防疏浚，俾复故道，奏安澜者越六七年，上年秋霖异涨，豫河南北漫口数处，而武陟横流，穿运入海，为害最重，今春督治，甫告成功。而南岸仪封复溃，饬谕河臣于秋后兴筑，业已程工拨帑，计今冬可期蒇事，朕轸念民生，惟惧一夫失所，遇四方水旱之灾，蠲租发粟，随奏辄下。上年朕六旬正庆，薄海臣民，胪欢献祝，爱戴出于至诚。朕思逮以实惠，诏蠲免积欠银谷，凡二千余万，以期家给人足，共登熙皞。今岁自春徂夏以及于秋，旸雨应时，各省皆报丰登，朕心豫悦。孟秋中旬，恪遵彝训，将举木兰狝典，先驻跸避暑山庄，朕体素壮，未尝疾病，虽年逾六旬，登陟川原，不觉其劳。此次跸途，偶感暍暑，昨仍策马度广仁岭，迨抵山庄，觉痰气上壅，至夕益甚，

恐弗克瘳,朕仰遵列圣家法。曾于嘉庆四年四月初十日卯初,豫立皇太子旻宁亲书密缄,鐍置秘椟。十八年禁门之役,贼踰宫垣,皇太子手发火枪,连毙二贼,余党惊坠,禁籞获安,厥功甚钜。因建储之命未宣,先封智亲王以奖殊庸,今疾弥留,神器至重,允宜传付,乃命御前大臣、军机大臣、内务府大臣、公启密缄,皇太子仁孝智勇,必能钦承付托,其即皇帝位以嗣大统。为君之道,在知人,在安民,朕尝论之详矣。然而行之实难,其深思而力持之,登进贤良,爱养黎庶,以保我国家亿万年丕丕基。记曰:孝者善继人之志,善述人之事,可不勉哉。朕贵为天子,年逾周甲,获福亦云孔厚,惟我后嗣,克承予志,使天下永享太平之福,则朕之愿慰矣。朕受玺后,二兄一弟,同予侍养,今春庆亲王先逝,自兹存者惟仪亲王、成亲王遂不获相见,其二王一应罚俸处分,著概予宽免。书载虞舜陟方,古天子终于狩所,盖有之矣。况滦阳行宫,为每岁临幸之地,我祖、考神御在焉,予复何憾?丧服仍依旧制,二十七日而除,布告天下,咸使闻知。

——选自《仁宗睿皇帝实录》

附录2

昌陵圣德神功碑碑文

大清昌陵圣德神功碑

皇天笃眷大清，列祖列宗体天御极，廓帝纮，恢皇纲，启佑我国家丕丕基。我皇考仁宗睿皇帝席六圣之鸿图，际重熙之景运。自初元大廷授宝，抚绥方夏，深维莅政临民之要，保邦致治之原，兢兢业业，无事不以诚敬仁爱为心，虽值艰钜屡投，圣怀弥固。惟天惟祖宗申锡无疆之庥，用康乂我兆民，大化涵濡，群生乐利，盖二十五年如一日已。予小子缵承统绪，敬念崇德丰功，巍焕宇宙，允宜镌垂乐石，表镇山陵，以昭万世子孙法守之贻，以绥四海臣民就瞻之思。叙曰：仁宗受天兴运敷化绥猷崇文经武孝恭勤俭端敏英哲睿皇帝，高宗法天隆运至诚先觉体元立极敷文奋武钦明孝慈神圣纯皇帝之十五子也。母孝仪恭顺康裕慈仁端恪翼天毓圣纯皇后。乾隆庚辰十月初六日丑时圣躬诞降于圆明园，生有神瑞。既长，徇齐敦敏，大度恢宏，皇祖深加笃爱。癸巳冬至，南郊大祀，皇祖手书圣名，默荐上帝，定储位。维时，皇考年十四，即膺天眷。乙卯皇祖纪元周甲，爰以秋九月三日御门，召皇子、皇孙、王公大臣，共启密缄，宣立储诏。皇考乃以嘉亲王正位青宫。丙辰正月朔旦，皇考受玺于太和殿，建元嘉庆。先是皇祖践阼之初，焚香告天，期以六十年当传位嗣子，至是圣愿克符，大典斯举，天下臣民以及蒙古藩部，东南海滨属国，朝觐讴歌，稽颡拜舞，时皇祖圣寿望九，天体康强，虽勤弗倦。皇考尊亲爱慕，以天

下养。复蒙训政三载，日侍慈颜。每岁时朝会赐宴，皇考侍坐，捧觞上寿，如定省仪。左右近臣，百僚庶位，下逮衢歌巷舞之伶，目睹耳闻，传为天家盛事。勋华一堂，作述千古，盖自史册所载，继体受命之君，茂矩崇规，未有若斯之盛者也。己未春正月三日，皇祖升遐，皇考特诏，行三年丧礼，百日缟素，擗踊哀慕之诚，有倍于寻常万万者。临轩初政，饬纪整纲，天下翕然景仰文明协帝之德，而睿怀乾惕，永念彝训，以敬天、法祖、勤政、爱民四大端为君道之本，心法治法，单精宥密。奉大祀必躬必亲。敬制南郊、北郊两记，阐圜矩之奥义，摅昭事之小心。诚祈雨雪，为民省岁，雩坛朝告，岱宗夕应，故能燮元化、平四气，转歉岁，锡康年，至诚感格，有明征焉。惟圣人为能飨帝，孝子为能飨亲。四孟时享，岁终大祫，格庙也，陪都肃驾，再谒丹邱，松杏纪功之碑，大礼庆成之记，报本也。东西陵寝，岁时躬谒，秩祀有恪，发声必哀。嗣统述圣之心，终身常懔懔焉。盖孺慕之至也。实录、圣训夙兴诵肆。动遵成宪，事鲜创举，著守成论。深鉴前朝更张之弊，而勤修列圣创垂之法，盖继述之善也。恩逮宗室，奠厥攸居而擢其秀，俾以科第。是惇是叙，笃亲亲也。天性恭俭，不宝异物。莅位之始，杜绝四方之贡献。诏大吏毋侈奇瑞。以廉能饬庶司。论勤政之要，革因循怠玩之习。制官箴，儆于有位。书无逸，法周铭，导言纳谏。披章观吏，岁无虚日。巡淀津以观防，幸台山以祈福。蒐狝讲武。阅兵之暇，亲御弧矢，校射讲能，靡遑靡逸。念刑法为弼教之具。惟明惟慎，期于止辟。每岁秋审，诫大臣再三审核情实，毋枉毋纵，然后定谳上之。而圣心矜恤恻怛，终不能自已。尝为《息讼安民论》曰："慎刑以息讼为先，息讼以勤政为本。勤则百废俱兴，以驯致于无讼。"大哉！仁人之言，其利溥矣。河患自古有之。我朝以工代赈，最为良策。癸亥秋，河决衡家楼，注大名，入山东境，横贯运道。皇考念民命至重，漕运攸关，出帑金千万，数月大工告蒇，民不知灾。丙寅夏，清黄并涨，启王营减坝，分泄洪流。治云梯关黄河故道，疏瀹流通，自是无下雍上溃之患。己卯秋，霖积涨，豫河复有漫溢，武陟横流，厥势綦重。事闻，立沛恩施，工赈并举，堤防孔固，而全漕挽运，较数岁愈形迅畅。斯皆宵旰肫诚之衷，上格苍昊。凡四方水旱偏灾，蠲租缓贷，无岁无之用，致中外乂安，时和民乐，而轸恤爱育之恩，有加靡已。爰于六旬万寿圣节，特诏免天下民欠，积数至三千余万，所以休养黎庶，涵濡群生，至深且远也。万几之暇，从事翰墨，文二集，诗三集，余编续纂，炳曜日星。而味余书室全集，随笔成于潜邸者又数十卷，民胞物与之怀，用人行政之绩，即寓于语言文字间。临辟雍而典学，幸翰院而赓咏，御经筵而抒论，启石渠而选笈，汇唐文之菁华，订明鉴之得失，四开庆榜，两举召试，于是薄海内外，冠带之伦，斧藻琢磨，风会日振。适值皇考元命之岁，春闱取士，遂拔三元。盖自乾隆辛丑迄今，瑞征再见。非盛德光被四表，甄陶培养，畴能致之哉？文教聿敷，武功有赫，荡平三省，筹策七年，洋海廓清，渠魁授首。属以奸民滋扰禁城，蔓连曹滑。神威所震，霆击风驰，遂奠齐豫、绥关陕，余孽殄夷，万民安堵。当是时，申严保甲之令，俾民自卫。诏书宽大，听其悔罪，胥匪以生。盖覆载生成之德，不遗一物，禹车汤纲，视兹褊矣。

我国家幅员广辟，超迈前代，要荒琛赆，岁时相属于道，怀德畏威，罔有弗钦。皇考统驭寰区，值内靖外安之会，恒虑深居简出，无

以周咨民隐。庚辰秋，圣驾将狝于木兰，盖所以绥辑群藩，敬绍开国骑射家法，躬亲劳瘁，示后世毋忘旧典。七月十八日启跸时则秋成普告，颢宇晴明，民气欢腾，皇心悦豫，子臣随侍行帷，窃幸我皇考年逾周甲，神明纯固，至广仁岭，犹策马登陟，略无倦容，方谓天体健行，康强迪吉；继自今期颐晋祝，甲子万周，子臣获长侍愉颜，承欢无极。孰意途次偶感旸暑，抵避暑山庄，积气上壅，遽于七月二十五日戌时，龙驭上宾，子臣攀号莫及，盖圣寿六十有一。呜呼痛哉！猝遭鞠凶，从此长为无怙之人矣。皇考弥留之顷，宣顾命大臣，公启密缄，敬奉手书遗训，命子臣缵膺大统。闻命之下，哀恸惊惶。始知皇考于嘉庆四年四月十日卯时已将子臣名书置秘函，豫定储位，神器重大，眷佑无穷。回思癸酉秋，蒙恩锡封智亲王，维时圣志先定，笃祐优加，抚今追昔，愈深感悚。自惟藐躬德薄任重，何以仰报昊天之恩，用慰我皇考知人安民继志述事之训于万一也。呜呼痛哉！敬卜于道光元年辛巳春三月二十有三日午时，恭奉梓宫安葬昌陵，以孝淑端和仁庄慈懿光天佑圣睿皇后祔。衔泣濡毫，谨拜手稽首颂曰：

于穆皇考，克配上帝。六叶承基，重华合契。

为君止仁，作圣思睿。德洽寰瀛，功垂奕世。

先庚诞瑞，岁图曜灵。皇祖式眷，郊坛告馨。

帝膺帝祐，惟十四龄。基命授受，光我大廷。

尧元以辰，舜元以丙。皇考俪之，景福来并。

太和四开，宝玺躬秉。盛典聿昭，前光弥耿。

惟圣训圣，大孝慕亲。合万国欢，以事一人。

天庥滋至，祖佑重申。用抚庶政，用诚万民。

圜丘方泽，升荐奠斝。初辛祈年，上戊祀社。

雨旸志喜，感极心写。衢室垂精，渊衷受嘏。

孟月享庙，两京谒陵。东西丹阜，岁奉豆登。

训钦宝篆，宪懔金绳。贻谋燕翼，式勖云仍。

克俭克勤，存诚祛伪。昧旦披牍，向晨询吏。

游豫咨艰，箴铭戒肆。德水安澜，祥刑饬治。

劭农重谷，轸念编氓。屡丰锡羡，小歉蠲征。

积逋普免，数千万赢。饔轩鼓舞，帝力难名。

圣学渊富，典谟允执。文二诗三，琳琅续辑。

临雍幸院，阐经编笈。九逵鸿渐，百川鳞集。

锋销三省，櫂静重洋。奠安畿辅，震叠蛮荒。

帝曰念哉，家法毋忘。练兵校射，我武维扬。

乃幸木兰，典举秋狝。塞峰策骑，山庄驻辇。

鼎湖遽升，和轮未展。攀髯天高，涌泪海浅。

畀予小子，大宝仔肩。考慈默眷，廿有二年。

承命滋惧，缵绪弥虔。趋承已矣，付托兢然。

郁郁阿宫，巍巍福壤。圣德弥纶，神功诀荡。

日月昭融，山川辉朗。考妣恩深，丰碑长仰。

　　　　　　道光元年四月初一日　子臣嗣皇帝旻宁敬述

附录 3

嘉庆帝后妃表

顺序	谥号或封号	姓氏	民族	谥号全称	出生日期	入宫日期
1	孝淑睿皇后	喜塔腊氏	正白旗满洲	孝淑端和仁庄慈懿敦裕昭肃光天佑圣睿皇后	乾隆二十五年（1760）八月二十四日辰时	乾隆三十九年（1774）四月二十七日（结婚）
2	孝和睿皇后	钮祜禄氏	镶黄旗满洲	孝和恭慈康豫安成钦顺仁正应天熙圣睿皇后	乾隆四十一年（1776）十月初十日	不详
3	和裕皇贵妃	刘佳氏	满族	和裕皇贵妃	出生年不详，生日为正月二十一日	乾隆年间入侍颙琰潜邸
4	恭顺皇贵妃	钮祜禄氏	满族	恭顺皇贵妃	乾隆五十二年（1787）四月十二日	嘉庆六年（1801）
5	华妃	侯氏或侯佳氏	满族		不详	乾隆五十四年（1789）前入侍颙琰潜邸

册封时间	死亡日期	享年	子女	葬地	入葬日期	备考
嘉庆元年（1796）正月初四日	嘉庆二年（1797）二月初七日未时	38	子1女2（其子为道光帝）	河北易县清西陵之昌陵	嘉庆八年（1803）十月二十二日卯时	
嘉庆六年（1801）四月十五日	道光二十九年（1849）十二月十一日	74	子1女2	河北易县清西陵之昌西陵	咸丰三年（1853）二月二十六日	
嘉庆二十五年（1820）八月二十三日，被道光帝尊奉为诚禧皇贵妃	道光十三年（1833）十二月十八日	不详	子1女1	河北易县清西陵之昌陵妃园寝	道光十五年（1835）九月十八日	
咸丰元年（1851）三月初十日册为如皇贵太妃	咸丰十年（1860）闰三月初三日	74	子1女2	河北易县清西陵之昌陵妃园寝	咸丰十一年（1861）二月二十七日	
嘉庆六年（1801）四月十五日	嘉庆九年（1804）六月二十八日	不详	女1	河北易县清西陵之昌陵妃园寝	嘉庆十年（1805）二月	

顺序	谥号或封号	姓氏	民族	谥号全称	出生日期	入宫日期
6	恕妃	完颜氏	满族		不详	乾隆五十一年（1786）入侍颙琰潜邸
7	庄妃	王氏或王佳氏	满族		生年不详，生日为六月十五日	乾隆朝入侍颙琰潜邸
8	信妃	刘佳氏	满族		不详	不详
9	简嫔	关氏或关佳氏	满族		不详	乾隆四十五年（1780）前入侍颙琰潜邸
10	逊嫔	沈氏或沈佳氏	满族		不详	乾隆五十一年（1786）十一月前入侍颙琰潜邸
11	荣嫔	梁氏			不详	乾隆朝入侍颙琰潜邸

册封时间	死亡日期	享年	子女	葬地	入葬日期	备考
嘉庆二年（1797）六月十八日举行追封礼	不详	不详		河北易县清西陵之昌陵妃园寝	嘉庆八年（1803）十月	
嘉庆十三年（1808）十一月十一日辰时册封庄妃	嘉庆十六年（1811）二月十五日	不详		河北易县清西陵之昌陵妃园寝	嘉庆十六年（1811）闰三月十九日	
嘉庆二十五年（1820）十二月二十日巳时册封信妃	道光二年（1822）十月十三日	不详		河北易县清西陵之昌陵妃园寝	道光三年（1823）二月二十六日	
嘉庆二年（1797）六月十八日举行追封礼	不详	不详	女1	河北易县清西陵之昌陵妃园寝	嘉庆八年（1803）十月	
嘉庆二年（1797）六月十八日举行追封礼	不详	不详	女1	河北易县清西陵之昌陵妃园寝	嘉庆八年（1803）十月	
嘉庆二十五年（1820）十二月二十四日午时册封荣嫔	道光六年（1826）五月初十日	不详		河北易县清西陵之昌陵妃园寝	道光七年（1827）二月二十八日	

顺序	谥号或封号	姓氏	民族	谥号全称	出生日期	入宫日期
12	淳嫔	董氏或董佳氏	满族		生年不详，生日为五月二十四日	不详
13	安嫔	苏完尼瓜尔佳氏	满族		乾隆五十年（1785）正月二十一日	不详
14	恩嫔	乌雅氏	满族		生年不详，生日为九月二十四日	不详
15	玉贵人				不详	不详
16	芸贵人				不详	不详

册封时间	死亡日期	享年	子女	葬地	入葬日期	备考
嘉庆六年（1801）四月十五日	嘉庆二十四年（1819）十月十三日	不详		河北易县清西陵之昌陵妃园寝	嘉庆二十四年（1819）十一月	
嘉庆二十五年（1820）十二月二十四日	道光十七年（1837）六月二十七日	53		河北易县清西陵之昌陵妃园寝	道光十七年（1837）十一月二十七日	
嘉庆二十五年（1820）十二月二十四日	道光二十六年（1846）十二月初十日	不详		河北易县清西陵之昌陵妃园寝	道光二十九年（1849）九月二十五日	
不详	嘉庆十九年（1814）十月初七日	不详		河北易县清西陵之昌陵妃园寝	嘉庆二十年（1815）二月二十九日	
不详	嘉庆十年（1805）七月十九日	不详		河北易县清西陵之昌陵妃园寝	嘉庆十年（1805）十二月十一日	

制表：徐鑫

附录 4

嘉庆帝皇子表

出生顺序	排行顺序	名字	出生日期	生母	最后封号
1	皇长子	未命名	乾隆四十四年（1779）十二月二十九日	潜邸侧妃即后来的和裕皇贵妃刘佳氏	穆郡王
2	皇二子	旻宁	乾隆四十七年（1782）八月初十日	潜邸嫡福晋即后来的孝淑睿皇后喜塔腊氏	道光帝
3	皇三子	绵恺	乾隆六十年（1795）六月二十二日	潜邸侧妃即后来的孝和睿皇后钮祜禄氏	惇恪亲王
4	皇四子	绵忻	嘉庆十年（1805）二月初九日	孝和睿皇后钮祜禄氏	瑞怀亲王
5	皇五子	绵愉	嘉庆十九年（1814）二月二十七日	如妃即后来的恭顺皇贵妃钮祜禄氏	惠端亲王

死亡日期	享年	谥号	子女	葬地	备考
乾隆四十五年（1780）三月初六日	2			北京安定门外六道口	嘉庆二十五年（1820）八月宣宗立追封为穆郡王
道光三十年（1850）正月十四日	69	效天符运立中体正至文圣武智勇仁慈俭勤孝敏宽定成皇帝	子9女10	河北易县清西陵之慕陵	
道光十八年（1838）十二月初四日	44	恪	子2	北京昌平区崔村乡绵山村	第二子为继子
道光八年（1828）八月十九日	24	怀	子1	北京石景山区福田寺村	
同治三年（1864）十二月十二日	51	端	子6	北京房山区青龙湖镇崇各庄村	

制表：徐鑫

附录 5

嘉庆帝皇女表

出生顺序	排行顺序	封号	出生日期	生母	下嫁日期	出嫁年龄
1	皇长女		乾隆四十五年（1780）四月十一日	潜邸庶妃即后来的简嫔关佳氏		
2	皇二女		乾隆四十五年（1780）四月三十日	潜邸嫡福晋即后来的孝淑睿皇后喜塔腊氏		
3	皇三女	庄敬和硕公主	乾隆四十六年（1781）十二月十七日	潜邸庶妃即后来的和裕皇贵妃刘佳氏	嘉庆六年（1801）十一月	21
4	皇四女	庄静固伦公主	乾隆四十九年（1784）九月初七日	潜邸嫡福晋即后来的孝淑睿皇后喜塔腊氏	嘉庆七年（1802）十一月	19
5	皇五女	慧安和硕公主	乾隆五十一年（1786）十一月十一日	潜邸庶妃即后来的逊嫔沈氏		

下嫁额驸	册封时间	死亡日期	享年	子女	葬地	备考
		乾隆四十八年（1783）十一月初一日	4		不详	
		乾隆四十八年（1783）八月初十日	4		不详	
索特纳木多布济	嘉庆六年（1801）	嘉庆十六年（1811）三月十二日	31		北京海淀区复兴门外军事博物馆西	《清皇室四谱》记载葬地为"昌陵附近王佐村"是不准确的
蒙玛尼巴达喇	嘉庆七年（1802）十一月	嘉庆十六年（1811）五月初七日	28		北京海淀区复兴门外军事博物馆东	《清皇室四谱》记载葬地为"昌陵附近王佐村"是不准确的。死亡时间，《清皇室四谱》记载为"丑刻"；清宫档案记载为"巳刻"
		乾隆六十年（1795）五月初七日	10		河北易县清西陵之张各庄公主园寝	清宫档案记载为"董家庄"；《清皇室四谱》记载为"梁格庄园寝"

出生顺序	排行顺序	封号	出生日期	生母	下嫁日期	出嫁年龄
6	皇六女		乾隆五十四年（1789）六月十二日	潜邸庶妃即后来的华妃侯氏		
7	皇七女		乾隆五十八年（1793）六月二十六日	潜邸侧嫡福晋即后来的孝和睿皇后钮祜禄氏		
8	皇八女		嘉庆十年（1805）二月初八日	如贵人即后来的恭顺皇贵妃钮祜禄氏		
9	皇九女	慧愍固伦公主	嘉庆十六年（1811）正月二十五日	如妃即后来的恭顺皇贵妃钮祜禄氏		

下嫁额驸	册封时间	死亡日期	享年	子女	葬地	备考
		乾隆五十五年（1790）五月初七日	2		不详	
		乾隆六十年（1795）六月初一日	3		不详	
		嘉庆十年（1805）十一月二十五日	1		不详	
		嘉庆二十年（1815）五月二十二日	5		河北易县清西陵之张各庄公主园寝	《清皇室四谱》记载为"梁格庄园寝"

制表：徐鑫

259

参考书目

[1] 清实录 [M].北京：中华书局，1985.

[2] 赵尔巽，等.清史稿 [M].北京：中华书局，1976.

[3] 唐邦治.清皇室四谱 [M].上海：上海聚珍仿宋印书局，1923.

[4] 阎崇年.正说清朝十二帝（图文本）[M].北京：中华书局，2004.

[5] 关文发.清帝列传：嘉庆帝 [M].长春：吉林文史出版社，1993.

[6] 向斯.清代皇帝读书生活 [M].北京：中国书店，2008.

[7] 徐广源.清西陵史话 [M].济南：齐鲁书社，2010.

[8] 徐鑫.地下佛堂：清东陵乾隆陵地宫清理之谜 [M].济南：山东大学出版社，2010.

[9] 杨珍.清朝皇位继承制度：修订本 [M].北京：学苑出版社，2009.

[10] 徐广源.大清皇陵秘史 [M].北京：学苑出版社，2010.

[11] 那凤英.清西陵探源 [M].石家庄：河北科学技术出版社，2004.

[12] 清代宫史研究会.清代皇宫陵寝 [M].北京：紫禁城出版社，1995.

[13] 王其亨.清代陵寝地宫研究 [D].天津：天津大学，1984.

后记

　　经过近五个月的努力，我终于完成了新的书稿，回首一路汗水，只有自己知道付出了多少艰辛。这部稿子，从构思到写作，其间经历很多事情，到现在顺利完成，真的很不容易，不过还好，无论如何，总算再次完成了生命旅程中的又一环。

　　写作过程中，我再次体会到人生的艰难。人生不过短短几十年光景，在每一处风景中，遇到一些人和事情时，我们不仅需要理解、支持、帮助，更需要宽容和陪伴。但总有一些浮华的追求，在情感中掺杂世俗的欲念，借口则是"低俗"观念。为什么高山雪峰上的雪莲要堕落世间被玷污品格？生活、工作在自由世界的我，靠的是自食其力。疲惫的时候，我只想有一杯淡茶、一份关爱、一份长久的陪伴。在过去的三十几年中，我饱尝生活的艰辛和痛苦的滋味，但传统的"宅门"赋予我的依旧是诚实、真情、守信的美德，没有那些复杂的"苛刻"条件。我无法改变现实，能携手、相伴、共进，不啻于人生的幸福。

　　本书的完成，首先，我要感谢我的父亲，依旧参阅使用了他的很多资料和图片；其次，还要感谢那些真诚帮助过我的朋友：北京网易的胡宇，北京坟协的张元哲、贾嘉，唐山的李宏杰等；同时，也离不开正直、真诚、真情、良知和尊严的默默"支持"。在有限的珍贵生命

中，探寻、追求下的写作维护着我的尊严，体现着我的生命价值。

最后，我要再次真诚感谢来自全国的爱好者、热心读者对我的理解、支持和帮助，希望你们也能喜欢这本小册子，对它给予肯定的同时，也提出严厉的批评。

一粒小尘土　徐鑫

2011年8月